ESTUDIO BÍBLICO Y PREGUNTAS
DE PRÁCTICA PARA JÓVENES
por Chris Wiley & Barefoot Ministries

Descubriendo
Juan

Juventud Nazarena Internacional

Descubriendo Juan
Estudio Bíblico y Preguntas de Práctica para Jóvenes
Edición en Español publicada
por Juventud Nazarena Internacional
Copyright © 2010 by Nazarene Publishing House
ISBN: 978-1-56344-666-5
Originally published in the USA under the titles:
        Discovering John – Student's Guide by Chris Wiley
        Copyright © 1994 by Beacon Hill Press of Kansas City ®
        Discovering John – Leader's Guide by Chris Wiley
        Copyright © 1994 by Beacon Hill Press of Kansas City ®

Compilado y contextualizado para su uso fuera de los EE.UU. por Monte Cyr

Traducido al español por Hilda Navarro

Referencias no identificadas de la Escritura tomadas de la Santa Biblia, Nueva Versión Internacional (NIV), derechos reservados © 1999 por la Sociedad Bíblica Internacional. Usado con permiso.

Contenido

Guía del líder: Descubriendo Juan

Descubriendo Juan se usa mejor con los "Grupos Descubrimiento". Un Grupo Descubrimiento es un grupo de jóvenes comprometidos a crecer en la Palabra de Dios, reuniéndose regularmente por un periodo fijo de estudio para aprender y compartir. El uso de los Grupos Descubrimiento se describe con más detalle en la siguiente sección de esta guía. También sirve como un excelente cuaderno de trabajo para los grupos de estudio de los jóvenes involucrados en el Esgrima Bíblico.

Aquí hay una guía para ayudarle a usar el libro *Descubriendo Juan:*

- Este estudio está dividido en 13 sesiones y posteriormente la guía del Esgrima Bíblico. Estas sesiones de Estudio Grupal están escritas para tomar aproximadamente 45 a 60 minutos. Este estudio bíblico tiene la intención de ser sólo una parte de la sesión total en la que usted y sus jóvenes compartirán impresiones personales de sus momentos de Estudio Personal (si está usando un recurso complementario del estudiante) además eventos y actividades de la semana y terminará con una oración. Una reunión de una hora, a una hora y media, proveerá un tiempo adecuado para estos componentes.

- Cada sesión de Estudio Grupal cubre una sección específica de Juan y también identifica un versículo clave para que usted y sus participantes lo memoricen.

- Esta guía del líder le da un plan completo de sesión para la porción completa de su estudio bíblico semanal. Cada sesión contiene los siguientes elementos diseñados para ayudarle en su preparación y presentación.

  ✓ **OBJETIVOS** y **PERSPECTIVA**—éstos le ayudarán a obtener un entendimiento de los "puntos principales" de la lección.

  ✓ **ANTECEDENTE BÍBLICO** —esta sección extensiva le dará información adicional que ampliará su entendimiento del pasaje en discusión.

- El tiempo de estudio bíblico está, de hecho, diseñado para tener lugar a través de la estructura de las actividades de la sesión. Una vez que usted se haya preparado estudiando los Objetivos, Perspectiva, y Antecedente Bíblico, lea las actividades de la sesión para saber qué esperar del estudio bíblico en puerta. Asegúrese de entender exactamente lo que quiere que suceda a través de cada actividad; recuerde, también, que estas actividades están aquí para ayudarle. Siéntase libre de hacer cambios conforme lo crea necesario para ajustarse al ambiente de su grupo, sus recursos, y/o tiempo a usar.

- Acerca de las actividades de grupos, usted encontrará instrucciones específicas que dirán: **"Diga,…"** o *están impresas en itálicas negritas.* Esto no quiere decir que necesita citar la información al pie de la letra a sus estudiantes. Hemos incluido este material sólo como una guía para usted con respecto a lo que recomendamos que sea comunicado a su grupo.

- Cada sesión le provee cuatro actividades, cada una hecha para llevar a sus estudiantes a un encuentro con las Escrituras a través de cierta perspectiva. Estas actividades son: *Empápate de la Palabra, Explora la Palabra, Examina la Palabra,* y *Experimenta la Palabra.* Las actividades de la sesión le darán opciones de fuertes enseñanzas sin rechazar su propia creatividad. Adapte y ajuste estas actividades para cubrir las necesidades individuales y personalidades de su grupo.

- Ocasionalmente, encontrarás secciones tituladas "Términos/Personas a conocer". Estas secciones breves dará definiciones de las palabras, explicaciones acerca de términos o personas, etc., que ayudarán a los miembros de la clase a comprender mejor el pasaje de estudio.

- Se anima a los estudiantes a llevar libretas personales conforme leen y estudian durante las siguientes semanas. Durante las sesiones grupales con frecuencia se les pedirá que escriban sus reflexiones. Alentar a cada joven a usar un diario, tipo libreta, evitará que usted tenga que proveer hojas de papel en blanco cada vez.

El primer lugar para iniciar su viaje a través de estos libros de la Biblia es en la Palabra misma. Lea todo el evangelio de Juan antes de empezar sus estudios bíblicos. Luego revise esta guía del líder y familiarícese con su contenido.

ABRIENDO LA CAJA DE HERRAMIENTAS

Leer es fácil, entenderlo es lo que cuesta trabajo. Confío en que esté listo para el trabajo porque para entender el Evangelio de Juan necesitará trabajar un montón. Pero si usted trabaja duro, no se arrepentirá, porque entender el Evangelio de Juan enriquecerá su vida y las vidas de esos jóvenes que usted ama.

Una cosa que he aprendido como carpintero es que las herramientas adecuadas marcan la diferencia. Lo mismo puede decirse del trabajo mental. Aquí hay tres herramientas mentales que son invaluables en la comprensión del Evangelio de Juan.

1. Un círculo

Piensa en una línea. Algunas historias son como una línea. Se mueven a lo largo de una trayectoria recta. Al igual que una línea que tienen comienzo y fin, y la clave es entenderla la historia desde el principio hasta el final. No es muy difícil de entender.

Ahora piense en círculos. Algunas historias son como un círculo, se mueven dando vueltas y vueltas. A diferencia de una línea, una historia circular, termina justo donde comenzó. Estas historias actúan como palomas mensajeras. El punto es terminar donde empezó.

El Evangelio de Juan es más como un círculo que como una línea. Es como una rueda de la fortuna, en la que ciertos temas pasan y pasan. Y como en una gran montaña rusa, el Evangelio contiene un descenso vertiginoso (la Encarnación), un ascenso emocionante (la resurrección), y en medio, una gran cantidad de subidas y bajadas.

2. Un ángulo

Al leer el Evangelio de Juan, busque la ironía. No confunda esto con sarcasmo. Ellos son iguales pero muy diferentes. Si bien el sarcasmo puede ser malo, la ironía, en las manos adecuadas, es más sutil y poderosa. Una declaración irónica es aquella en la que el significado literal de la frase es casi lo contrario de lo que se pretende. Escribir irónicamente requiere un ingenio agudo y una mente brillante. Comprender una declaración irónica es como una revelación. Entender el punto central es como una experiencia de "¡Ajá!". Por eso Juan lo utiliza mucho. La vida de Jesús está llena de ironías.

3. Un punto central

Por último, tenga en cuenta que todo escrito tiene un objetivo. El propósito de Juan se haya registrado cerca del final de su Evangelio: "Pero éstas se han escrito para que ustedes crean que Jesús es el Cristo, el Hijo de Dios, y para que al creer en su nombre tengan vida" (20:31). Este Evangelio no es un relato detalle a detalle de un espectador casual, sino que es una interpretación muy personal y selectiva de la vida de Jesús. Esto significa que todo en la historia es importante, porque Juan es elegido por una razón. Ninguna parte es irrelevante.

Así que abra su caja de herramientas y vamos a trabajar.

GUÍA PARA LOS GRUPOS DESCUBRIMIENTO

Un ministerio efectivo de estudio bíblico para los jóvenes de la iglesia local, utilizando grupos pequeños, empieza con los Grupos Descubrimiento. Los Grupos Descubrimiento son importantes para:

- *Comunicar aceptación*

- *Enseñar con el ejemplo*

- *Construir relaciones personales*

- *Ser modelos del discipulado en un ambiente de la vida real*

Hay muchas formas de empezar un Grupo Descubrimiento en su iglesia. La mejor forma es invitar a todos los jóvenes a involucrarse. Use carteles y anuncios promocionales empezando dos o tres semanas antes para correr la voz acerca del grupo. Contacte a personas que usted crea que se beneficiarán especialmente de estos estudios. También, establezca contacto personal con aquellos que usted cree se involucrarán en el equipo de esgrima bíblico del siguiente año, anímelos a participar en el grupo.

Otra manera de formar un Grupo Descubrimiento es escoger de primera mano a los jóvenes que ya están fuertemente comprometidos con ser todo lo que Dios quiere que sean. Estos jóvenes altamente motivados usualmente responden con más entusiasmo al discipulado que los estudiantes en una etapa más temprana en su madurez espiritual. Este acercamiento al discipulado es bíblico y apropiado para el desarrollo del liderazgo y entrenamiento; si usted no está convencido, pase algún tiempo leyendo los Evangelios, note el acercamiento que Jesús escogió al entrenar a los Doce.

Pero recuerde, cada cristiano necesita ser discipulado y pertenecer a un grupo cálido de amigos, y que lo acepte. En tal compañerismo, los que son discípulos a medias empezarán a tener una visión de su potencial y empezarán a aceptar a desarrollar un gusto por un crecimiento más profundo.

En muchas iglesias todos los jóvenes cabrán en un solo grupo pequeño. Sin embargo, si necesita más de un grupo considere proveer diferentes grupos para aquellos con diferentes niveles de compromiso. Usted querrá escoger personalmente a un grupo para un discipulado más profundo, luego formar otros grupos para aquellos que no estén listos para el intenso compromiso que se espera en este nivel. En lugar de dividir a los jóvenes arbitrariamente, establezca condiciones específicas para pertenecer al grupo más profundo. Estas condiciones pueden incluir la disciplina en asistencia, diarios espirituales, estudios bíblicos, responsabilidad, etc.

Cualquier miembro de un Grupo Descubrimiento debe mostrar algún nivel de **compromiso**. Un compromiso mínimo obvio es asistir al grupo regularmente. Para construir confianza mutua en el grupo, los miembros deben conocerse entre sí. Si un miembro del grupo llega sólo ocasionalmente, él o ella será relativamente un extraño para el resto del grupo… al menos al nivel posible de compartir experiencias en el Grupo Descubrimiento. La presencia de un extraño inmediatamente reducirá el nivel de confianza en el grupo, limitando la apertura a la hora de compartir. Desde luego algunas ausencias son inevitables.

El compromiso necesario aquí es que cada miembro del grupo haga de la asistencia una prioridad muy alta, de modo que la asistencia sea regular. Una discusión de la prioridad del grupo puede ser útil en las primeras semanas de reuniones.

¿Cuál es el mejor **tiempo** para un Grupo Descubrimiento? De nuevo, esto depende de sus metas y de la personalidad de su grupo. Algunos jóvenes pueden comprometerse a una reunión por la noche entre semana, mientras que para otros sea mejor una tarde en fin de semana.

¿Por cuánto tiempo debemos continuar con el grupo Descubrimiento? Tanto como los jóvenes involucrados en él puedan permanecer comprometidos. Una vez terminadas las 13 semanas de estudio de la serie de libros de trabajo Descubriendo, habrán trabajado capítulo por capítulo en otros libros de la Biblia, o habrán empezado una nueva serie de libros de trabajo Descubriendo.

Generalmente es mejor mantener el grupo por 13 semanas. Después de que el estudio haya terminado, puede haber otros jóvenes que quieran ser parte del Grupo Descubrimiento. Si así fuera, busque un líder para ellos. Algunos de los jóvenes en el grupo original querrán continuar, mientras que otros se enfocarán en otras actividades. Si usted no puede continuar como líder, asegúrese de que otro líder adulto esté ahí para continuar el trabajo.

¿Cómo puede una persona ser un facilitador en un Grupo Descubrimiento? Facilitar significa "hacer fácil". Un facilitador de un grupo pequeño, es pues, una persona que hace fácil el que el grupo se relacione. Él/ella mantiene al grupo en movimiento, lo regresa al tema cuando empieza a divagar, alienta la participación en las discusiones y actividades de grupo. En el segmento de estudio bíblico de la sesión del Grupo Descubrimiento, el rol del líder es ayudar a los miembros del grupo a descubrir por sí mismos lo que las Escrituras significan—cómo pueden ellos aplicarla a sus vidas—y luego animarlos a continuar con obediencia. El rol del líder del grupo no es ser un residente autoritario quien le dice a los miembros del grupo lo que las Escrituras significa y cómo la deben aplicar a sus vidas. Él/ella debe resistir la tentación de sermonear. Esta guía del líder ofrece sugerencias específicas para ayudar al líder a servir como un facilitador efectivo del estudio bíblico. Ahora bien, aún cuando el líder del Grupo Descubrimiento no es autoritario, sí es una autoridad. Esta autoridad, sin embargo, es de tipo espiritual, fluyendo de la autenticidad de la vida del líder. Los jóvenes siguen al líder no porque el líder los obliga sino por el tipo de persona que el líder es.

9

Bosquejo de Juan

¿Por qué Jesús se hizo hombre?

1

PASAJE DE ESTUDIO

Juan 1:1—2:11

VERSÍCULO CLAVE

"Y el Verbo se hizo hombre y habitó entre nosotros. Y hemos contemplado su gloria, la gloria que corresponde al Hijo unigénito del Padre, lleno de gracia y de verdad" (Juan 1:14).

OBJETIVOS DE ENSEÑANZA

Ayudar a los estudiantes a:

1. Entender algunos de los significados de la Encarnación.

2. Darse cuenta de lo medular que es la Encarnación para nuestra fe cristiana.

3. Ratificar su fe en Jesucristo, quien vino del Padre.

PERSPECTIVA

El gnosticismo todavía está vivito y coleando y creciendo aquí mismo entre nosotros. ¿Qué es el gnosticismo? Es la antigua creencia de que la materia es mala. Los gnósticos creían que una deidad cruel había capturado a nuestros espíritus en tumbas de carne cuando creó al mundo, así como un niño travieso que atrapa insectos en un contenedor. La salvación se obtiene saliendo del contenedor. Y esto se logra adquiriendo gnosis. Gnosis literalmente significa "conocimiento" en griego. Los gnósticos originales creían que este "conocimiento" destapaba el contenedor. Proviene de una deidad buena que quiere que escapemos y nos unamos a ella en el ámbito del espíritu. Ahora bien, no se puede obtener esta gnosis de forma simple. Proviene de formas misteriosas e inexplicables. Está adentro, simplemente esperando a ser descubierta.

¿Suena medio loco? ¡Está medio loca la idea; de hecho es una herejía! ¡Es falsa! Pero ideas como esta andan rondando hoy en día, inclusive en el medio cristiano. Los nombres son diferentes y las maneras de expresar las ideas han cambiado pero sigue siendo gnosticismo. El gnosticismo contemporáneo se manifiesta al menos en dos formas.

Primero tienen la convicción de que no necesitamos ninguna tradición, ni a la iglesia, ni siquiera a la Biblia para saber lo que necesitamos conocer sobre Dios. Todo lo que necesitamos está en nosotros mismos; somos religiosamente autosuficientes.

En segundo lugar está la incapacidad para establecer conexiones entre la vida espiritual y el mundo físico. En lugar de ver al mundo como la creación de Dios, redimido en Cristo para servirle, los gnósticos ven al mundo como un lugar

12

para escapar de Dios, o peor aún, un lugar del que debemos escapar para poder conocer a Dios. El resultado es una fe centrada en su propia justicia que no incluye las buenas obras. Al menos los fariseos trataban de hacer buenas obras; los gnósticos ni siquiera ven qué relación hay entre las buenas obras y Dios.

El gnosticismo, inconscientemente o no, socava la fe cristiana porque sin la Biblia, el Espíritu de Dios, e inclusive la iglesia, es imposible vivir como cristianos. Aquí es donde el evangelio de Juan viene al rescate. Juan conocía muy bien al virus del gnosticismo. La Iglesia Primitiva había sido fuertemente infectada por él. El antídoto de Juan es la doctrina de la Encarnación.

ANTECEDENTE BÍBLICO

Cuando Juan escribió su evangelio, el gnosticismo estaba arrasando a la iglesia. Los gnósticos "cristianos" creían que Jesús era el Hijo de Dios pero lo relacionaban con otro dios que no era el Creador del mundo. Consecuentemente, no podían concebir a Jesús con un cuerpo material. Para ellos Jesús no podía ser real en la forma en que tú y yo lo somos. Para los gnósticos Él era una imagen proyectada del cielo, algo así como una película proyectada en una pantalla. Juan utiliza un acercamiento directo para dejar las cosas en claro. Los versículos 1-5 y 10-18 nos hablan del rol de Jesús en la creación y bosquejan su misión en el mundo. Juan muestra que fue mediante Jesús que el mundo fue creado. Y sólo en caso de que algunos pudieran decir que las cosas hubieran cambiado entre el tiempo de la creación y la venida de Jesús, Juan declara en la primera frase del versículo 14, "Y el Verbo se hizo hombre y habitó entre nosotros".

Debemos discipular o adoctrinar a nuestros jóvenes en esta verdad. En caso de que la palabra adoctrinar suene muy fuerte, recordemos que no hay un término medio en este asunto. Basados en el testimonio de la Escritura, el Espíritu de Dios y la Iglesia, creemos en la Encarnación.

Juan sabe que una afirmación tan audaz como la Encarnación requiere un tipo de autoridad que la sustente, así que recurre a Juan el Bautista para que la apoye. En los versículos 6-9 y 15-36, Juan el Bautista testifica que Jesús es el Cristo. A lo largo del evangelio, Juan tiene cuidado de citar a varias fuentes testimoniales sobre Jesús. De esta manera el evangelio es muy parecido a un tratado legal. Conforme la gente va viendo la gloria de Jesús, Juan los hace dar un paso al frente para presentar sus testimonios.

En los versículos 31-33, Juan el Bautista confiesa su dependencia del Espíritu Santo para conocer la identidad de Jesús. Este es otro tema entretejido a lo largo del evangelio: la idea de que el máximo testigo de Jesús es Dios mismo. Y esto nos lleva a la última historia de esta sección: Jesús convierte el agua en vino.

Juan registra siete "señales" (nunca se refiere a ellos como "milagros") en su evangelio para confirmar la relación única de Cristo con el Padre. Comparado con las siguientes seis señales, cambiar el agua en vino (2:1-11) parece un inicio pequeño. Pero el valor de una señal radica en su poder simbólico y su efecto dramático.

Fíjate que Juan tiene el cuidado de decirnos para qué se usaban las tinajas. Jesús les dice a unos sirvientes que llenen las tinajas con agua y luego que sacaran un poco y lo llevaran al encargado del banquete. Cuando el encargado bebe, queda asombrado, no porque bebe vino (pues él espera beber vino) sino porque el vino es muy bueno.

La señal puede desconcertarnos pero era clara y sencilla para la mayoría de los judíos. Las tinajas vacías de la ceremonia del lavado representaban los rituales vacíos de los judíos. En contraste con el agua para lavarse, el vino es una bebida de fiesta. Con razón el encargado del banquete dijo, "Todos sirven primero el mejor vino y cuando los invitados ya han bebido mucho, entonces sirven al más barato; pero tú has guardado el mejor vino hasta ahora".

¿Qué significa eso? ¡Que Dios ha guardado lo mejor para el final! "Pues la ley fue dada por medio de Moisés, mientras que la gracia y la verdad nos han llegado por medio de Jesucristo" (1:17). "Así reveló su gloria y sus discípulos creyeron en él" (2:11).

La Encarnación

El Diccionario de la Real Academia Española define Encarnación como el "Acto misterioso de haber tomado carne humana el Verbo Divino en el seno de la Virgen María".

La raíz de la palabra es el latín "carnal," que significa "carne". Aunque la Encarnación dice mucho sobre lo que Dios es, también dice mucho sobre la carne. Dios ha honrado al mundo convirtiéndose en ser humano y con este acto, por segunda vez declaró que su creación era "buena". Este mundo, incluyendo nuestros cuerpos, es muy importante para Dios y si queremos seguirlo de verdad, debemos aprender a compartir su opinión sobre este mundo.

EMPÁPATE DE LA PALABRA

Combina y asocia

Esta actividad tiene la intención de poner a trabajar la materia gris de los miembros de tu grupo. El objetivo es ayudar a los jóvenes a ver cómo el lenguaje cristiano es mal utilizado para reforzar un comportamiento irresponsable y, a veces, egoísta y pecador. A continuación hay una serie de declaraciones y los miembros de la clase deben determinar quién puede decirlas: el Dr. Condenación, el Sr. Hedonista o la Sra. Fiel. Revisen en grupo cada declaración, una a la vez. Pida a al menos dos o tres voluntarios que compartan sus respuestas para cada oración.

Les presento a estos ciudadanos: el Dr. Condenación, el Sr. Hedonista y la Sra. Fiel. Cada uno lee la Biblia, asiste a la iglesia y se dice cristiano. Lo que los hace diferentes es su postura en cuanto a cómo se deben relacionar los cristianos con el mundo.

El Dr. Condenación y el Sr. Hedonista tienen algo en común: ambos creen que el mundo es malo. Lo que los hace diferentes es cómo ejercitan esa convicción.

El Dr. Condenación es una persona melancólica y deprimente. Cree que sus deseos corporales son malos y es conocido por sus largos ayunos. Cree que la verdadera espiritualidad empieza con la negación de su carne.

El Sr. Hedonista comparte su opinión pero dice, "¿Para qué luchar?". Cree que el mundo es malo y su cuerpo no sirve para nada. Pero ya que está en este dilema, mejor lo va a disfrutar. Alguien que observe al Sr. Hedonista por una semana lo considerará un hipócrita. Pero no es que sea deshonesto; es sólo que vive en dos mundos: uno físico y uno espiritual y no siempre hay relación entre los dos.

La Sra. Fiel cree que la creación es buena porque Dios la hizo. También cree que su cuerpo es parte de la creación y cree que, como persona hecha a la imagen de Dios, ella debe no sólo cuidar de su propio cuerpo sino también de toda la creación.

Basado en sus convicciones, asocia las siguientes declaraciones con la persona que creas las haya dicho: el Dr. Condenación, el Sr. Hedonista, o la Sra. Fiel.

___ *"Oye, ve y abusa de la tierra. Jesús viene pronto y de todos modos te vas a quemar en el infierno".*

___ *"Trabajar para eliminar la hambruna y el sufrimiento es una pérdida de tiempo. Vivimos en un mundo caído. Deberíamos mejor concentrarnos en salvar almas".*

___ *"¡Estoy tan emocionada! Nuestro grupo de adolescentes va a trabajar con la comunidad el Buen Samaritano. Creo que podemos hacer algo ahí".*

___ *"No puedes ser honesto con un político. Por eso no voto por los cristianos. La moralidad estorba para hacer las cosas en el gobierno. Además la avaricia es buena para la economía".*

___ *"Oye, ¿te gusta mi carro nuevo?"*

___ *"¿Qué tiene que ver con Dios el cómo invierto mi tiempo"*

___ *"Mi presión arterial es alta. Tengo sobrepeso. Como cosas grasosas, fumo, me desvelo y en general disfruto de la vida. ¿Y qué tiene? De todos modos nos vamos a morir algún día".*

(Las mejores respuestas son: (1) Dr. Condenación; (2) Dr. Condenación; (3) Sra. Fidelidad; (4) Sr. Hedonista; (5) Sr. Hedonista; (6) Sr. Hedonista; (7) Sr. Hedonista.)

Algunas de las oraciones son muy fáciles pero otras son un tanto imprecisas. La imprecisión tiene un propósito y es estimular el debate. La meta es sacar a la luz el dualismo gnóstico (el espíritu es bueno y la materia es mala) que muchos cristianos apoyan sin querer. Este ejercicio no tiene la intención de condenar o señalar a nadie. Es sólo una forma de darnos cuenta de algunas de nuestras suposiciones no cristianas sobre el mundo.

EXPLORA LA PALABRA

1. VIENDO EL PANORAMA COMPLETO

Desde que el ser humano tiene memoria, la gente ha estado buscando una forma mejor de vivir, una forma de vivir de verdad. Hemos intentado con eruditos y astrólogos. Recientemente hemos ido con médicos, filósofos y libros de auto-ayuda pero a menudo la búsqueda ha sido en vano.

El evangelio de Juan es testigo del recuento de la vida y obra de la única persona en la historia de la humanidad quien no sólo venció a la muerte sino también vivió de la forma en que debía hacerlo. Al leer su historia conoceremos su secreto y en el proceso descubriremos lo que significa vivir una vida llena de gracia y verdad.

Esta guía pretende ayudarte a entender la historia de Dios, quien envió a Su Hijo al mundo en la forma de hombre. Se divide al libro en trece segmentos. Mediante los procesos personales y de Grupos Descubrimiento obtendrás un entendimiento más profundo de la vida de Jesús.

Antes de ver cada una de las partes es bueno ver el todo. Familiarízate con el evangelio de Juan dando una hojeada por los 21 capítulos. Al hacerlo trata de responder estas preguntas:

- *¿Qué milagros ves a lo largo del evangelio de Juan?*

- *Si divides al evangelio en dos partes, ¿dónde harías esa división y por qué?*

- *¿Cuántos capítulos describen la última noche y el último día de la vida terrenal de Jesús? ¿Por qué se le da tanto espacio a un solo día?*

- *Los eruditos con frecuencia debaten la razón por la que el autor escribió este evangelio. Algunos dicen que fue llevar nuevos convertidos a la iglesia y otros dicen que fue fortalecer a los que ya estaban en la iglesia. ¿Tú qué crees? Busca una historia específica o una enseñanza de Jesús para sustentar tu opinión.*

2. CONTRA LOS HEREJES GNÓSTICOS (1:1-18)

Términos/personas que debemos conocer

- *Jerusalén (Juan 1:19) – Capital y ciudad santa de la nación judía. El nombre en sí significa "ciudad de paz". La ciudad fue testigo de la muerte, resurrección y ascensión de Jesús.*

- *Juan el Bautista (Juan 1:29) – Predecesor inmediato de Jesús, enviado a preparar el camino para el Mesías. Era pariente de Jesús ya que la madre de Juan, Elisabet, era prima de María la madre de Jesús. Juan era descendiente directo del sacerdocio; tanto su padre Zacarías como su madre Elizabet eran descendientes de Aarón. Juan fue decapitado por Herodes (Antipas) el tetrarca y su cabeza fue entregada como premio a la hija de la esposa de Herodes por bailar en la fiesta de cumpleaños de Herodes.*

Pida a un estudiante que lea Juan 1:1-18 en voz alta mientras que los demás miembros de la clase siguen con sus Biblias.

Para entender el evangelio de Juan debes entender lo que es la herejía del gnosticismo. Las herejías o ideas falsas, fueron divulgadas por falsos maestros en la Iglesia Primitiva y eran de diferentes tipos. Una de las herejías más dañinas del cristianismo primitivo era el gnosticismo. Los gnósticos creían que la materia física era mala. Debido a esta convicción, los gnósticos decían que Jesús no pudo haber tenido un cuerpo real, que lo que la gente veía de Él era simplemente una imagen proyectada del cielo (Sí, así como un tipo de película proyectada en una pantalla). Uno de los propósitos del evangelio de Juan es arreglar esta locura.

- *Justo en el primer capítulo, Juan refuta o desaprueba el pensamiento gnóstico. ¿Qué versículo ataca la noción de que la materia es mala?*

Como todas las herejías, el gnosticismo es un producto del orgullo y la flojera. Es vencido por la humildad y la sumisión a la enseñanza de la palabra de Dios.

- *¿Por qué es peligroso el gnosticismo? ¿De qué formas crees que el gnosticismo puede llevar al pecado?*

3. UN TESTIGO, POR FAVOR (1:19-34)

Pida a un estudiante que lea en voz alta Juan 1:19-34 a la clase mientras que los demás siguen con sus Biblias.

¿Cómo saben lo que es verdadero o falso? Basándose en la autoridad y el testimonio. Este es un ejemplo. Probablemente crean que el mundo es redondo. ¿Cómo lo saben? ¿Fueron acaso al espacio exterior y lo vieron por sí mismos? No. Creyeron el testimonio de gente que ha probado que el mundo es redondo.

¿Y por qué confían en esta gente? ¡Tal vez haya un gran complot; tal vez sea una tremenda broma! ¡Tal vez sus padres y maestros se estén riendo de ustedes a sus espaldas en este mismo momento! No, ¿por qué se molestarían para hacerlos ver como ingenuos? Ustedes no tienen una buena razón para no creerles porque ya les han dicho la verdad antes. ¿Por qué dudar ahora? Esto es lo que significa la autoridad y el testimonio. Tarde o temprano tienen que confiar en alguien.

- *Juan el Bautista testifica que Jesús es el Cristo pero, ¿por qué debemos creerle?*

- *¿Cómo testifica la iglesia de Jesús en el mundo moderno?*

- *¿Por qué es importante orar, cuestionar, indagar e investigar además de buscar el consejo de otros?*

- *¿Cómo puedes testificar de Jesús hoy en día?*

4. ¡Y ELLOS LE CONTARON A DOS AMIGOS Y ELLOS A OTROS Y A OTROS! (1:35-51)

Términos/personas que debemos conocer

- *Simón Pedro (Juan 1:40) – Simón Pedro fue el más prominente del grupo central de discípulos, convirtiéndose fácilmente en el vocero natural y líder del grupo durante y después del ministerio terrenal de Jesús. El carácter puramente humano de Pedro (ha sido descrito como impulsivo pero inestable, confiado pero inconstante, audaz pero cobarde) ha alentado a muchos que leen los evangelios. El ministerio posterior de Pedro lo llevó a Roma donde murió durante el gobierno del emperador Nerón. Algunos eruditos dicen que Pedro murió crucificado pero "de cabeza", ya que Pedro dijo que no era digno de morir de la misma manera que su Señor.*

- *Andrés (Juan 1:40) – Andrés era un discípulo de Juan el Bautista. Después de que Juan señalara a Jesús como el Mesías, Andrés se convirtió en seguidor de Jesús y con entusiasmo invitó a otros, compartiendo inmediatamente las nuevas con su hermano Simón Pedro. De acuerdo con la tradición, Andrés fue martirizado en Acaya, crucificado en una cruz en forma de X (ahora conocida como la cruz de San Andrés).*

- *Felipe (Juan 1:43) – Felipe era de Betsaida en Galilea, hogar de Andrés y Pedro, y pudo haber sido uno de los primeros discípulos de Juan el Bautista. No se debe confundir a este Felipe con el Felipe que Hechos describe como evangelista o diácono.*

- *Nazaret (Juan 1:46) – El hogar de José y María. El pueblo de Nazaret había adquirido una reputación poco halagadora en términos de moral y religión; de ahí viene el registro de Juan sobre la exclamación de Natanael, "¡De Nazaret!... ¿Acaso de allí puede salir algo bueno?".*

- *Israel (Juan 1:49) – Políticamente, Israel se refiere a la nación judía como un todo. El término también se usa para referirse a los elegidos de Dios, el "pueblo de Israel". También era el nombre que Dios le dio a Jacob (Gn. 32).*

Pídale a un estudiante que en voz alta lea Juan 1:35-51 a la clase mientras los demás lo siguen con sus Biblias.

¿Cómo escuchaste por primera vez de Jesús? ¿Fue por un testimonio de alguien que conocías y en quien confiabas? En este pasaje vemos una cadena de testimonios y nos explican cómo los discípulos se multiplicaron.

- *¿Cómo supo Andrés de Jesús?*

- *¿Qué hizo Andrés cuando creyó?*

- *¿Qué hizo Felipe cuando creyó en Jesús?*

- *¿Qué fue lo primero que hiciste cuando supiste de Jesús? ¿Crees que es el Hijo de Dios?*

- *Si de verdad crees que Jesús es el Hijo de Dios, ¿no deberías estar ansioso y emocionado por decirles a otros lo mismo? Si no estás ansioso por hacerlo, ¿qué te detiene?*

- *Los estudios indican que más del 90% de los cristianos han llegado a creer en Jesús gracias al testimonio y estilo de vida de un amigo, pariente o vecino. ¿Significa esto que tenemos más responsabilidad de testificar a la gente que conocemos que a aquellos a los que no conocemos? ¿A quién conoces que necesite escuchar de Jesús?*

Pero, ¿qué no tengo el derecho de decidir lo que quiero creer? Los patriarcas de la Iglesia Primitiva pasaron por todo tipo de cosas para ayudar a los cristianos a entender quién era Jesús y lo que Dios hizo por el mundo mediante Jesús. A las malas ideas y las falsas enseñanzas las llamaron "herejías". Herejía viene del griego "hairein" que significa "elegir". Los que rechazaron la enseñanza de los patriarcas fueron llamados "herejes" porque eligieron lo que ellos querían en lugar de someterse a la autoridad de la iglesia. ¿Qué tiene eso de malo? Además de dividir a la iglesia y confundir a mucha gente, las herejías, como son producto de un razonamiento descuidado, llevan a la gente al pecado. El gnosticismo, una de las herejías más comunes en ese entonces y ahora mismo, conduce a pecados de irresponsabilidad. Así es como funciona: cuando la gente cree que la materia es mala abusa del ambiente, de sus comunidades, de sus hogares y hasta de sus propios cuerpos.

Fracasan como mayordomos de la creación porque no ven ninguna conexión entre el mundo físico y Dios.

5. ¡LA GLORIA REVELADA! (2:1-11)

Pida a un estudiante que lea a la clase Juan 2:1-11 en voz mientras los demás lo siguen con sus Biblias.

Este milagro no tiene que ver con el vino, sino con Jesús. Es una señal que pretende decir algo. Es la revelación inicial de la gloria de Jesús: revelar quién es Él.

- *Lean el capítulo uno, versículos 1-5. ¿A la luz de este pasaje, quién crees tú que es Jesús?*

- *Esta historia se nos presenta como el primer acto público del ministerio de Jesús. Es el inicio de la revelación de la intervención divina de Dios. ¿Por qué crees que Jesús hacía milagros?*

- *Los discípulos empezaron a poner su fe en Jesús como resultado de esta señal. ¿Cómo se revela Dios a su pueblo hoy?*

APLICA LA PALABRA

Cuidadores del mundo

Como cristianos, nuestro llamado es testificar en el mundo.

- *¿Cómo debe influenciar nuestra fe en Dios como Creador y Redentor del mundo nuestro testimonio?*

- *¿Cuáles son algunas formas en las que el ser humano pecador abusa de la creación de Dios?*

- *¿En qué formas pueden responder los cristianos con un testimonio fiel?*

Pida a los jóvenes que piensen en estos temas; recuérdeles que no sólo sus cuerpos son creación de Dios, sino que también lo son los cuerpos de sus vecinos. Y la creación no empieza ni termina con seres humanos; también incluye la buena tierra y otras formas de vida en nuestro planeta que Dios creó.

VIVE LA PALABRA

¿Cómo puedo vivir más responsablemente?

Ahora es tiempo para que los jóvenes evalúen su propio comportamiento. La meta de esta lección ha sido ayudarles a superar el dualismo auto-centrado del gnosticismo. La confesión es parte del arrepentimiento.

- *Si de verdad creo que Dios creó el mundo y luego envió a su Hijo para redimirlo, ¿en qué debe ser diferente mi vida?*

- *¿En qué fallamos frecuentemente al tratar de vivir las implicaciones radicales del evangelio cristiano?*

- *¿Cuáles son algunas formas en que podemos cambiar nuestras actitudes y acciones?*

Termine la clase con una oración.

La gran división

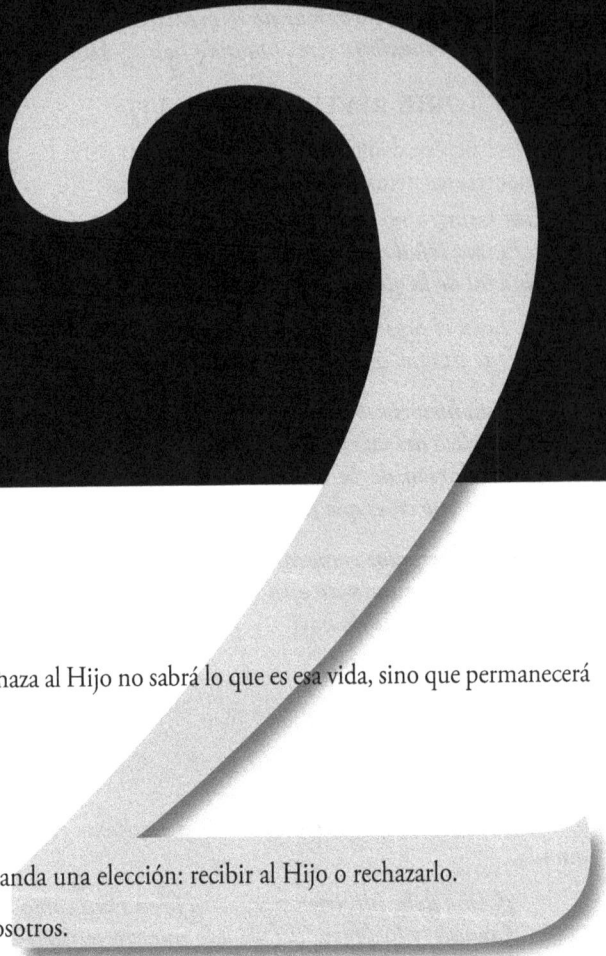

PASAJE DE ESTUDIO

Juan 2:12—4:42

VERSÍCULO CLAVE

"El que cree en el Hijo tiene vida eterna; pero el que rechaza al Hijo no sabrá lo que es esa vida, sino que permanecerá bajo el castigo de Dios" (Juan 3:36).

OBJETIVOS DE ENSEÑANZA

Ayudar a los estudiantes a:

1. Entender que un encuentro genuino con el Mesías demanda una elección: recibir al Hijo o rechazarlo.

2. Saber que sólo Cristo es el regalo de la salvación para nosotros.

3. Afirmar que la salvación de Dios es solamente mediante Cristo.

PERSPECTIVA

Muchos jóvenes hoy en día tienen dificultades para aceptar que las acciones tienen sus consecuencias; tal noción les parece rígida y estrecha. Aunque ésta ha sido una tendencia humana desde el tiempo de Adán, nuestra era ha desarrollado la filosofía y las herramientas para hacer esto más fácil. En los tiempos de nuestros abuelos escaparse de las consecuencias era más complicado de lo que en realidad debía haber sido. Hoy la irresponsabilidad puede ser tan sencilla como un boleto de avión a cualquier parte lejos del problema. Huir de la responsabilidad se traduce entre los jóvenes en actividades como dejar para después la elección de una vocación, la incapacidad para terminar lo que se inicia, un temor irracional para el compromiso.

Jesús no era el tipo de persona que algunos jóvenes quisieran conocer. Él era las consecuencias eternas andando. Dondequiera que iba creaba una crisis. Dividía cada aula. No dejaba lugar para las elecciones abiertas. La gente o creía en Él o quería matarlo. Y las herramientas que usaba para causar esta división eran un par de tijeras llamadas gracia y verdad (1:17).

ANTECEDENTE BÍBLICO

Los judíos habían estado anhelándolo por cientos de años lo que llamaban "El día del Señor", e iba a ser un buen día para el que fuera judío. El Mesías iba a venir y arreglar las cosas. Iba a impartir justicia. Salvaría a los buenos y destruiría a los perversos. Limpiaría el honor de su nombre en la tierra. Y como los judíos eran el pueblo de Dios, desde luego que iban a ser salvos y sus enemigos serían juzgados. En verdad que iba a ser un buen día.

Jesús fue toda una decepción. Su salvación era demasiado abierta. ¡Vino a salvar a todos! Todo lo que se necesitaba era recibirlo. Dividió al mundo en dos categorías: los que lo recibían y los que no. Y no importaba si eras judío o no. Ni siquiera importaba si eras una buena persona o no, porque la oferta de la salvación no tenía nada que ver contigo ni con lo que hubieras hecho. Tenía todo que ver con Jesús. Jesucristo es la misericordia de Dios pero también es el juicio de Dios. A lo largo del evangelio de Juan, Jesús parte el mundo en dos hablando la verdad y extendiendo la gracia de Dios. Unos creen y reciben vida eterna, mientras que otros condenan a Jesús actuando a favor de su propia condenación.

Las siguientes son algunas de las maneras en las que Cristo dividió al mundo:

1. DOS TEMPLOS (2:12-25)

La transición del banquete de bodas, donde Jesús cambió el agua en vino, al Templo parece abrupta pero es en verdad una continuación del mismo tema. Así como la vacía ceremonia del lavado de las tinajas, Jesús expone el vacío del ritual del Templo. Y al presentar una alternativa radical en el banquete ofrece un templo alternativo en Él mismo (v. 20).

El incidente del Templo también sirve como plataforma para que Jesús prediga Su propia muerte. Al ubicar la profecía con tanta anticipación en el recuento del evangelio, y entre los líderes judíos, Juan establece a Jesús como el Amo de su propio destino.

2. DOS TIPOS DE NACIMIENTO (3:1-21)

El incidente del Templo intrigó a un fariseo llamado Nicodemo. En el versículo 3 Jesús le dice, "De veras te aseguro que quien no nazca de nuevo no puede ver el reino de Dios". En el pensamiento judío, el reino de Dios es la meta de la historia. El Reino era la esperanza del shalom (paz) de Dios en la tierra, donde todos tendrían lo suficiente y la justicia de Dios nunca sería obstruida.

Decir que la entrada a ese Reino requería un segundo nacimiento era otra manera de decir, "No puedes entrar desde aquí". Jesús explica: "Yo te aseguro que quien no nazca de agua y del Espíritu, no puede entrar en el Reino de Dios… Lo que nace del cuerpo es cuerpo, lo que nace del Espíritu es espíritu (vv. 5-6). Jesús no está condenando

la carne; no es gnóstico. Simplemente está señalando su falta de poder para proveer la salvación de Dios.

Los versículos 16-21 subrayan la naturaleza proactiva de la salvación de Dios (es Su plan para nosotros) y el carácter reactivo de la condenación (es lo que recibimos sólo después de rechazarlo).

3. DOS OPCIONES (3:22-36)

En los versículos 22-30, los discípulos de Juan el Bautista le notifican que su carrera está a punto de ser opacada. Pero en lugar de desanimarse, el Bautista re regocija. En los versículos. En los versículos 31-36 reitera lo que Jesús dijo en los versículos 10-21. El versículo 36 lo expresa en el estilo directo de Juan: "El que cree en el Hijo tiene vida eterna; pero el que rechaza al Hijo no sabrá lo que es esa vida, sino que permanecerá bajo el castigo de Dios".

4. DOS TIPOS DE AGUA (4:1-42)

En el capítulo 4, Jesús escucha que los fariseos andas tras de Él, así que se desvía al norte de Samaria, un territorio que ningún fariseo de buena reputación pisaría. A propósito se dirige hacia el pueblo de Sicar y se sienta junto al pozo de Jacob. Llega una mujer samaritana y cuando menos lo piensas ya están enfrascados en una discusión teológica.

Un resumen de la conversación de Jesús es, "Esta agua no te va ayudar pero yo tengo el agua que necesitas" (vv. 13-14). Pero lo que hace esta conversación más interesante es a quién le está hablando. Los judíos consideraban a los samaritanos inmundos. Tenían raíces judías pero a lo largo de los siglos se habían casado con gentiles, convirtiéndose en el último peldaño de esa sociedad: mestizos. Jesús extiende la salvación de Dios a estos parias sin dudarlo. El punto más importante en la conversación es lo que Jesús dice de la adoración: "Pero se acerca la hora, y ha llegado ya, en que los verdaderos adoradores rendirán culto al Padre en espíritu y en verdad" (v. 23). La respuesta de los samaritanos es vigorizante. A diferencia de los judíos, esta gente verdaderamente quería que Jesús se quedara con ellos porque sabían quién era Él. Confesaron "sabemos que verdaderamente éste es el salvador del mundo" (v. 42).

ACTIVIDADES DE LA SESIÓN

EMPÁPATE DE LA PALABRA

¿Qué necesita ser sanado?

Esta actividad está diseñada para ayudar a los estudiantes a elaborar un diagnóstico de sus vidas y del mundo en general. Al prepararse para esta lección, esté listo para ayudar a dirigir el momento de compartir ideas. Algunos estudiantes no querrán profundizar, mientras que otros jóvenes querrán compartirlo todo. Aliente a cada uno a que tome un turno pero mantenga el ambiente seguro y positivo. Si alguien no quiere participar, no lo obligue. Una de las mejores maneras de dirigir el momento de compartir es ser el primero en hacerlo. Las preguntas giran en torno a lo que debe ser sanado en las vidas de sus estudiantes y el mundo.

Salvación es una palabra muy grande. Sin embargo, nueve letras no es lo que la hace grande. Es su significado lo que la hace tan grande. Salvación tiene la misma raíz latina que la palabra "salve". Salve es un ungüento usado para sanar. Salvación es el ungüento de sanidad de Dios. Hecho para sanar todo lo que necesite sanidad. Sana nuestras relaciones rotas con el Creador y, partiendo de ahí, todas las demás relaciones. Veamos lo que necesita ser sanado en nuestro mundo. Empezando contigo, ¿qué necesita ser sanado en tu vida? ¿Qué necesita ser sanado en tu hogar, tu escuela, tu ciudad, tu país, tu mundo?

EXPLORA LA PALABRA

1. PANORAMA

Los judíos creían que eran el pueblo consentido de Dios. En ese tiempo, muchos creían que su pueblo sabía todo sobre la salvación. Creían que el reino de Dios tenía que ver con nacer en el país correcto, adorar en el lugar correcto y tener la familia correcta. Jesús enfatiza que la salvación es para todo el mundo y descubre los problemas que había en la forma en que los judíos creían y practicaban la salvación. Leamos Juan 2:12-4:42 y veamos si podemos detectar estas fallas.

- *¿Cómo revelan las acciones de Jesús en el templo el descontento de Dios con la adoración?*

- *En el capítulo 3, Jesús resume su propósito en el mundo con un versículo muy conocido (Juan 3:16). Expresa este versículo en tus propias palabras.*

- *En la segunda porción del capítulo 3, Juan el Bautista resume en sus propias palabras la misión de Jesús. ¿Para qué dice que está Jesús aquí?*

- *En el capítulo 4, una samaritana habla con Jesús sobre dónde se deben reunir los adoradores. Jesús le indica que el cómo adoramos es más importante que el dónde? ¿Cuáles son las palabras de Jesús al respecto?*

2. EL NUEVO TEMPLO (Y MEJORADO) (2:12-25)

Términos/personas que debes conocer

- *El templo (Juan 2:14) – En el antiguo Israel, el templo era el centro unificador de la adoración de los judíos. Con la llegada de la sinagoga local en tiempos de Cristo disminuyó la importancia del templo en la experiencia religiosa diaria de los judíos. Sin embargo, estos dos lugares no son intercambiables; cuando se habla de "los atrios del templo" se habla directamente del templo, no de una sinagoga local particular. El propósito principal de la sinagoga no era la adoración pública sino la instrucción en las Sagradas Escrituras.*

Pida a alguien leer en voz alta Juan 2:12-25.

Hay una razón por la que los actos de Jesús en el templo se cuentan justo después de la milagrosa señal en la boda. Como puedes ver en el versículo 12, transcurrió un tiempo entre los incidentes, pero Juan los coloca uno después del otro porque los eventos se interpretan entre sí. A través de su primer milagro, Jesús reveló que él era divino y tenía autoridad. Ahora Jesús empieza a revelar su propósito en la tierra: reconstruir el templo, enderezar lo que los judíos habían distorsionado y salvar al mundo para que todos pudieran vivir por la verdad.

- *¿A qué eventos futuros se refiere Jesús en esta historia?*

- *Cuando Jesús dice que puede levantar el templo en tres días, Juan pronto nos dice que Jesús se estaba refiriendo a Su cuerpo. Como los judíos* entendían que el templo era la casa de Dios (la residencia del Espíritu de Dios), ¿cuál era la importancia de que Jesús llamara a Su cuerpo un templo?

- ¿Por qué es importante que Jesús predijera Su muerte al inicio de Su ministerio?

3. DIVIDIENDO AL MUNDO (3:1-36)

Términos/personas que debes conocer

- *El Reino de Dios- Cuando pensamos en un reino, usualmente pensamos en un pedazo de tierra. Pero este es un inicio erróneo. Un reino puede aparecer en un mapa pero eso no significa que la voluntad del rey se cumpla ahí. De la misma manera, un hombre pude ser rey y no tener tierra. Un reino, por lo tanto, es donde se cumple la voluntad del rey. Dios es Rey. Todo el mundo es su reino. Y aún así, ¿quién obedece al Rey? Las preguntas que debemos hacernos no son: "¿Dónde está el Reino?", o "¿Cuándo vendrá el Reino?", sino ¿Soy súbdito del Rey?" y "¿Cómo puedo servirle mejor?"*

Pida a alguien que lea Juan 3:1-36 en voz alta mientras que el resto de la clase lo sigue con sus Biblias.

Jesús le enseña a Nicodemo que Él ha sido enviado al mundo para salvarlo y no sólo para realizar milagros. Pero la salvación depende de cómo lo reciban a Él. Dios no salva a la gente que rechaza su oferta. Los que verdaderamente creen en Él y viven por la verdad serán salvos pero los que lo rechacen serán rechazados.

- *La gente nace en los reinos y como los judíos sabían que eran el pueblo elegido de Dios era lógico suponer que nacer judío era lo mismo que nacer en el reino de Dios. Esa suposición es incorrecta. Jesús comparte con Nicodemo que en el reino de Dios se nace de forma totalmente diferente. Describe esa forma en tus propias palabras:*

- *En el versículo 8, y de nuevo en los versículos 11-15, Jesús lanza algunas pistas sobre su origen y destino final. ¿Cuáles son?*

- *La vida en la verdad está disponible para todos. ¿Por qué no todos ven esta vida?*

LEVANTADO (3:14-15) – Cuando el Hijo del Hombre sea levantado. . .

Esta no es la primera ni la última vez que oiremos a Jesús decir estas palabras. "Como Moisés levantó la serpiente en el desierto, así también tiene que ser levantado el Hijo del hombre, para que todo el que crea en él tenga vida eterna". La frase "levantado" nos recuerda la historia de Moisés y la serpiente de bronce (Números 21:4-9). Una vez, cuando la plaga de serpientes cayó sobre los israelitas en el desierto, Dios le dijo a Moisés que hiciera una serpiente de bronce y la pusiera en un asta para que los que fueran mordidos pudieran verla y vivir. Jesús declara que Él es como la serpiente de bronce; y cuando es levantado, aquellos que voltean a verlo y crean en Él tendrán vida eterna. Esta metáfora revela muy temprano en la narrativa de Juan el poder de Cristo en la cruz.

La luz del mundo

En el evangelio de Juan, vida eterna y salvación son dos formas de decir lo mismo. Dios no envió a su Hijo al mundo para condenar al mundo, sino para salvarlo por medio de Él". La pregunta sigue en el aire, ¿cómo lleva Jesús a nuestro mundo el poder sanador de Dios? De acuerdo con Juan 3:16-21:

1. *¿Cuáles son las cualidades de la luz que los humanos necesitan?*

2. *¿Por qué algunas personas permanecen en la oscuridad?*

3. *¿Por qué otros eligen entrar en la Luz?*

Ahora leamos 1 Juan 1:5-10:

4. *De acuerdo con el versículo 7, ¿qué pasa cuando la gente camina en la luz?*

5. *¿Cómo ayuda el versículo 9 a aclarar el significado de caminar en la luz?*

6. *¿Cómo sana la luz al mundo?*

4. JESÚS, EL SALVADOR DEL MUNDO (4:1-42)

Términos/personas que debes conocer

- *Judea (Juan 4:3) – La parte al extremo sur de Palestina que, bajo el dominio romano, se anexó a la provincia romana de Siria.*

- *Samaritanos (Juan 4:9) – Los samaritanos vivían en Samaria—una de las tres grandes divisiones de Palestina. Los samaritanos eran despreciados por los judíos por haberse casado con extranjeros (gentiles). Perder su pureza racial de esta forma era un pecado imperdonable para los judíos y, aunque esta ofensa había ocurrido siglos atrás, el odio judío hacia los samaritanos todavía era muy fuerte y evidente en tiempos de Jesús.*

Lee Juan 4:1-42.

Después de saber que los fariseos andaban tras de él, Jesús se desvió al norte hacia Samaria. Los samaritanos eran despreciados por la mayoría de los judíos ya que eran mitad judíos y mitad gentiles. Esto los hacía peor que gentiles a los ojos de muchos judíos. Al ir con los samaritanos, Jesús estaba diciendo que el amor de Dios se extiende no sólo a los samaritanos sino al mundo entero. ¿Por qué es esto todavía tan importante en nuestros días?

- *Las historias incluidas en Juan tienen una gran importancia y propósito. Si se mencionan es porque son importantes. El apóstol Juan se esfuerza en detallar que Jesús se sentó en el pozo de Jacob. ¿Qué tiene eso de importante? (Pista: Jacob era el hijo de Isaac, quien a su vez era el hijo de Abraham. Dios le cambió el nombre a Jacob y le puso Israel cuando Jacob ya estaba anciano. En otras palabras, toda la nación judía descendía de Jacob).*

- *Jesús habla en el pozo de Jacob con una samaritana acerca del agua. Al hablar sobre el agua del pozo de Jacob, Jesús se refería al contenido espiritual de la enseñanza judía. Después, al hablar de sí mismo como el agua, hablaba de una vida espiritual que viene del escuchar y obedecer sus palabras. Teniendo en mente que los samaritanos eran despreciados por los israelitas, ¿en qué forma le dieron esperanza a la mujer las palabras de Jesús?*

- *Las palabras de Jesús sobre la adoración (vv. 21-24) deben recordarnos el incidente del templo del capítulo dos. El templo estaba ubicado en Jerusalén y los judíos creían que ahí era donde los verdaderos adoradores de Dios se reunían. ¿Por qué son las enseñanzas de Jesús sobre la ado-*

ración buenas noticias para los samaritanos y los gentiles?

5. Tiempo de cosecha (4:27-38)

Pida a alguien que lea Juan 4:27-38 en voz alta a la clase.

Esta es la única mención de esta imagen sobre la cosecha en el evangelio de Juan. La idea de la cosecha no se refiere a la reunión de los justos en el fin del mundo sino a la disponibilidad del agua viva para aquellos que habían estado buscando la verdad y creciendo en la gracia. Así como la mujer malentendió las palabras de Jesús, los discípulos no entendieron por qué había venido Jesús: a terminar la obra del que lo envió.

- *Jesús le dice a sus discípulos que abran sus ojos y vean los campos alrededor de ellos (v. 35). ¿A qué campos crees que se estaba refiriendo?*

- *En tus propias palabras, ¿cómo crees que los actos de Jesús en los capítulos 2—4 demuestran que la salvación de Dios es para todo el mundo?*

APLICA LA PALABRA

Dejando atrás la oscuridad

Comparta el siguiente cuadro con sus jóvenes:

Imaginen una multitud de leprosos, que dan lástima, escondiéndose en una cueva oscura. Son despreciados y rechazados por su condición física. Ahora imaginen una luz que llega a la cueva, encandilando a los leprosos y haciéndolos correr en busca de un escondite. Luego una voz dice, "¡Salgan a la luz! La luz es verdad. ¡En ella hay sanidad!" Se levanta un murmullo entre los leprosos y empieza el debate. Unos dicen, "¡No crean a la voz! ¡Sólo se burla de nosotros y espera para matarnos!" Pero otros dicen, "Estamos cansados de este lugar oscuro; esta es la primera luz que vemos desde que éramos niños". Los segundos salen a la luz e inicialmente su lepra es expuesta pero después las cicatrices empiezan a menguar y desaparecer.

- *¿Cómo es esta vida?*

Tomar medicamentos puede ser doloroso pero la sanidad bien vale la pena. Pero no todos creen esto. Jesús dice en Juan 3:19, "Esta es la causa de la condenación: que la luz vino al mundo pero la humanidad prefirió las tinieblas a la luz, porque sus hechos eran perversos". Jesús no puede ayudar a la gente que no sale a la luz de la verdad.

- *¿Qué le dirías a un amigo que permanece en la oscuridad de la negación?*

- *¿Cómo puedes intentar convencer a esa persona de que vivir en la luz es mejor?*

VIVE LA PALABRA

Una oración de sanidad

Pida a sus estudiantes que escriban una oración de sanidad que empiece con ellos y se extienda hacia el mundo. Pida a sus estudiantes que compartan sus oraciones con el grupo. Para terminar, tome lo mejor de sus pensamientos y oren como grupo por la sanidad de nuestro mundo.

Trabajando con Dios

3

PASAJE DE ESTUDIO

Juan 4:43—5:47

VERSÍCULO CLAVE

"Pero Jesús les respondía: Mi Padre aun hoy está trabajando y yo también trabajo" (Juan 5:17).

OBJETIVOS DE ENSEÑANZA

Ayudar a los estudiantes a:

1. Entender que Dios está trabajando en el mundo mediante Jesucristo.

2. Percibir la naturaleza redentora de la obra de Dios en Cristo.

3. Comprometerse a unirse a la obra de Dios.

PERSPECTIVA

Tarde o temprano, una comprensión de la vida debe tratar con el trabajo porque, aunque incluyamos o no a Dios en nuestro pensamiento, el trabajo es una tarea dada. Las actitudes contemporáneas hacia el trabajo son a menudo insuficientes: el trabajo es o un propósito principal de la vida o algo qué tolerar durante la semana antes de vivir verdaderamente durante el fin de semana. Se espera que elijamos entre la adicción al trabajo y el trabajar el fin de semana. La primera opción es la clave del éxito. La segunda es la fe de un tipo que vive para disfrutar los viernes por la noche. Sus jóvenes, dependiendo de su estatus socioeconómico, antecedente familiar y muchos otros factores, podrían entrar en cualquier categoría.

Cuando la vida no es más que trabajo y descanso se vuelve un ciclo vacío. Se convierte en un humanismo de auto servicio. El propósito de esta lección es ayudar a los estudiantes a ir más allá de la perspectiva humanista y entender que la vida es más que sólo trabajo y descanso; es conocer al único verdadero Dios y a Jesucristo, a quien ha enviado (Juan 17:3). Cuando esta perspectiva verdaderamente se convierte en la nuestra, nuestro trabajo y descanso se vuelven parte de una realidad mayor y podemos entonces unirnos al trabajo y descanso mismos de Dios.

ANTECEDENTE BÍBLICO

Guardar el sábado era más importante para los judíos de lo que podemos entender en medio de nuestra cultura materialista e individualista. Era una señal para el mundo de que la nación judía servía a Dios como su Señor, Creador del cielo y la tierra. Al adherirse a un día de descanso cada siete días, los judíos anunciaban al mundo que se identificaban con el Creador quien hizo al mundo en seis días y en el séptimo descansó de sus labores. El agotamiento estaba unido con guardar este día y quebrantar la tradición del sábado era una traición a la nación y a Dios.

Hoy, el culto al individualismo nos alienta a quebrantar la tradición y cortar nuestros lazos con el pasado y con otros. Al hacerlo participamos en un auto engaño culturalmente sancionado; nos moldeamos según las expectativas del estatus quo, y a la vez creemos que somos atrevidos e individualistas. Como lo revelan Robert Bellah y sus colegas en su libro *Hábitos del corazón,* pertenecemos a una tradición de antitradicionalistas. La cultura judía, por otro lado, era franca y honesta en sus expectativas. Los verdaderos judíos guardaban el sábado y veían con respeto a otros judíos que hacían lo mismo.

Como sucede con todas las prácticas religiosas surgieron varias tradiciones de interpretación. Una escuela de pensamiento sostenía que Dios vivía en un descanso sabático permanente. El cielo, según esta perspectiva, permanecía en un séptimo día sin fin. Dios había terminado todas sus labores y no tenía nada más que hacer que sentarse y llevársela tranquila. Según esta perspectiva, seis días de trabajo era algo que se tenía que tolerar hasta el sábado, cuando los judíos tenían el privilegio de unirse a Dios en su silla mecedora.

Ya podrás imaginar a dónde lleva esto. El trabajo era denigrado y se estableció y "santificó" una clase élite del ocio. No es de sorprender que los fariseos tendieran a ser gente rica, o al menos mantenidos por benefactores adinerados. Como no tenían que trabajar creían que eran más santos que la gente común que tenía que ganarse la vida. Ahora bien, ya sabes por qué los fariseos tenían tanto tiempo libre para seguir y molestar a Jesús por las aldeas. Tenían tiempo en abundancia y estaban orgullosos de ello, porque Dios mismo existía en un continuo estado de tranquilidad.

Para estos judíos el sábado era una pequeña probadita del reino de Dios. Pero como todo énfasis exagerado en el descanso denigraba al trabajo que, irónicamente, hacía al trabajo más importante de lo que era. En lugar de tener un mundo en el que la vida de Dios fuera imitada en un patrón de trabajo y descanso, estos fariseos hacían del trabajo un objeto de burla y del descanso algo miserable. No es de sorprenderse que Jesús se tomara la molestia de provocar a estos sabatarios. En el incómodo silencio del sábado, Jesús

audazmente declaró, "Mi Padre aún hoy está trabajando y yo también trabajo" (5:17).

Otros temas dentro de nuestro pasaje de estudio que deben ser resaltados son:

1. "A NINGÚN PROFETA SE LE HONRA EN SU PROPIA TIERRA" (4:43-54).

La sanidad del hijo del funcionario del rey es una transición del encuentro de Jesús con los samaritanos a su milagro de sanidad en el sábado del capítulo 5. El comentario de Jesús concerniente al honor de un profeta implica que el oficial real era un gentil. Y la historia convalida que Jesús tenía más honra entre los gentiles que entre su propio pueblo. La historia contiene algunos puntos interesantes, incluyendo el comentario aparentemente desaprobatorio de Jesús sobre las señales y la fe (v. 48), y el hecho de que el funcionario creyera las palabras de Jesús (v. 50). Pero Juan usa la historia principalmente como una exclamación para señalar el encuentro de Jesús con los samaritanos.

2. JESÚS SANA A UN INVÁLIDO (5:1-15)

Si has leído algo sobre esta historia sabrás que los comentaristas están fascinados con el mito, muy popular en Palestina en aquellos años, de un ángel que periódicamente descendía del cielo para agitar los poderes de sanidad del agua del estanque. De acuerdo con la historia, el primero en entrar al agua era sanado de cualquier enfermedad de padeciera. Estos escritores creían que la sanidad del hombre inválido tenía el propósito de ilustrar que Jesús es un mayor sanador que el estanque. Otros expositores se enfocan en la pregunta de Jesús, "¿Quieres quedar sano?" (v. 6). Enfatizan que para que se llevara a cabo la sanidad debía haber una disposición de parte del receptor. Lo más importante que debemos notar es que la sanidad tuvo lugar en sábado, como se ve claramente por el contexto.

Trata de recordar otro momento en que Jesús haya buscado a otra persona para sanarla. ¿No? Es porque nunca tuvo que hacerlo; la gente siempre iba a Él, menos en esta historia. Aquí vemos a Jesús, en sábado, verdaderamente buscando sanar a alguien, a quien fuera. Va a donde sabe que encontrará enfermos y encuentra al caso más difícil que existe.

Jesús estaba perfectamente consciente de lo que los fariseos pensarían sobre sanar en sábado. Pero lo hizo de todas formas. De hecho, lo publicitó, ordenándole al pobre hombre que recogiera su camilla y anduviera. Sólo hay una manera de interpretar la evidencia. Jesús quería decir algo.

3. "Mi Padre aún hoy está trabajando" (5:16-47).

La sanidad del inválido debió haberles dado mucho qué decir a los fariseos. Jesús se los deletrea en los versículos 19 y 20, sólo por si no se habían dado cuenta. Les dice que sólo hace lo que ve a su Padre hacer. Si su Padre no lo hiciera, Él tampoco podría hacerlo. Pero su Padre en verdad sana y sana en sábado y por eso, "aún hoy está trabajando" (v. 17).

¿Y cuál es la naturaleza de este trabajo? Los versículos 21-30 la presentan en un bosquejo: resucitar a los muertos y darles vida y condenar a los que no crean en el Hijo del Hombre.

El resto del capítulo trata de los testimonios que tienen que ver con Jesús. Primero, Jesús cita el testimonio de Juan el Bautista (vv. 33-35). Jesús entonces presenta a su Padre como su testigo principal en tres formas: su trabajo es el mismo (v. 36); el Padre ha dado un testimonio directo (v. 37); y finalmente, las Escrituras, que estudian pero no entienden, testifican quién es Él (vv. 38-40).

Lo fariseos no eran tontos. Se daban cuenta de que un Dios que trabajaba era una amenaza para todo su sistema teológico. Un Dios así los avergonzaría haciéndolos retractarse de todo lo que habían creído y enseñado. El Reino de Jesús anunciado no era la fantasía del flojo que esperaban sino un reino de gente que trabajaba sirviendo a Dios. Esto era simplemente demasiado. Ninguna evidencia podría hacerlos renunciar a un sistema que les funcionaba tan bien como ese.

En este punto es importante recordar que no debemos pasarnos criticando a los fariseos sino que necesitamos hacer una pausa y pensar en nosotros mismos. ¿Nuestra teología y práctica son un reflejo de Dios y de sus preocupaciones o simplemente sirven a nuestros propósitos?

ACTIVIDADES DE LA SESIÓN

EMPÁPATE DE LA PALABRA

¡Busca un empleo!

Los cristianos nunca deben hacer las cosas sólo por dinero. Bueno, eso es lo ideal. Desafortunadamente muchos cristianos trabajan sólo por el dinero. ¿Por qué? Probablemente porque nadie se ha tomado el tiempo de enseñarles por qué deben trabajar los cristianos. Este es un asunto importante porque ya sea que trabajemos por dinero o por un bien superior, todos debemos trabajar en este mundo.

Esta actividad está diseñada para poner a tus jóvenes a pensar por qué trabajan. Proveerán a los cristianos de razones lógicas para una lista de trabajos, con un espacio en blanco extra para que los jóvenes lo llenen con sus propios trabajos u otro tipo de trabajos. Es muy posible que si nuestro mundo evaluara cada trabajo con los estándares cristianos algunos trabajos ni siquiera existirían, mientras que otros que nunca hubiéramos imaginado sí existirían. Por esta razón encontrar razones cristianas para algunos trabajos requerirá algo de creatividad mental. Esto hará la actividad aún más efectiva.

Más que en cualquier otra época, más jóvenes tienen trabajos estos días. Cuando digo esto no quiero decir que otras generaciones de jóvenes fueran perezosas. De hecho, pueden haber trabajado más duro que ustedes estos días. En aquellos tiempos, la vida en la granja empezaba muy temprano cada día. Se esperaba que los jóvenes trabajaran un par de horas en las tareas domésticas antes de ir a la escuela y unas cuantas más después. Lo que quiero decir por trabajos de hoy es empleo fuera del hogar. A menudo los jóvenes trabajan sólo para obtener dinero. Probablemente no trabajan en los negocios de comida rápida porque crean que cocinar hamburguesas haga del mundo un mejor lugar. Cocinan hamburguesas porque les pagan por hacerlo.

Pero los cristianos no deberían nunca hacer algo sólo por el dinero. Trabajamos para glorificar a Dios y servimos para cambiar su mundo, ¿cierto? Abajo hay una lista de trabajos que los jóvenes con frecuencia realizan sólo por dinero. Piensa cómo cada uno de estos trabajos puede ser visto para glorificar a Dios y servir a su creación.

Trabajo	Forma creativa de glorificar a Dios
1. Cocinar hamburguesas	1. Testificar al vendedor de mostaza
2. Cuidar niños/Guardería	2.
3. Podar el césped	3.
4. Mesero (a)	4.
5. Cajero en un supermercado	5.
6. Otro (tu trabajo si no está en lista)	6.

EXPLORA LA PALABRA

1. PANORAMA (JUAN 4:43—5:47)

La historia empieza con el increíble relato de la Encarnación; Jesús, la palabra de Dios, viene a este mundo para revelar al Padre a una humanidad indefensa. Después de llamar a sus discípulos y realizar la primera señal milagrosa, Jesús se enfrenta a los corruptos líderes judíos en el templo, el centro de la vida judía. Aquí predice su muerte en manos de ellos y su resurrección de la muerte por el poder de Dios. Después de esto, durante una reunión tardía en la noche, Jesús le dice a Nicodemo, miembro del Sanedrín, que la entrada al reino de Dios es cuestión de un nacimiento espiritual, no un nacimiento físico. Después, al escuchar que los fariseos andaban detrás de Él, Jesús se dirigió a Samaria donde demostró las dimensiones universales de la salvación extendiéndola a los odiados samaritanos.

Ahora Jesús está de regreso en Jerusalén para otra confrontación con el liderazgo judío. Los corazones y mentes de la gente están en juego. Jesús ataca el estatus quo religioso desafiando a la enseñanza oficial al sanar a un hombre en sábado. Los que fueron testigos de la sanidad se ven obligados a decidir quién habla por Dios: las autoridades judías o el maestro desafiante de Galilea.

Pida a alguien que lea Juan 4:43—5:47 y luego respondan en grupo las siguientes preguntas.

- ¿Cuál crees que era la actitud de Jesús hacia el realizar milagros?

- ¿Hay algo que Jesús diga o haga que te sorprenda? ¿Por qué?

- Anota tres pensamientos clave concernientes al sábado.

2. SANIDAD DEL HIJO DEL FUNCIONARIO (4:43-54)

Términos/personas que debes conocer

- Capernaum (Juan 4:46) – Pueblo al noroeste del Mar de Galilea. Jesús parece haber establecido su base en Capernaum durante la primera etapa de su ministerio.

Pida a alguien que lea Juan 4:43-54

La gente en todo lugar y en todo tiempo anhela los milagros. Por un lado, esto es bueno. Indica que la gente tiene una necesidad de encontrar lo divino. Por otro lado, este anhelo puede ser negativo. Puede ser que la gente le pida a Dios hacer trucos para complacer a la multitud.

Aquí vemos a Jesús poniendo los milagros en perspectiva. Dice "Ustedes nunca van a creer si no ven señales y prodigios" (v. 48). Luego les da una señal maravillosa. El mensaje es bastante franco: las señales nos ayudan a creer pero es mejor si podemos creer sin ellas.

- Jesús les llama a sus milagros "señales". Las señales indican algo; no son un fin en sí mismas. ¿Qué quieren mostrarnos las señales de Jesús?

- ¿Empezó la fe del funcionario cuando creyó la palabra de Jesús, o después cuando escuchó las nuevas de la sanidad?

- ¿Debería la gente esperar ver milagros todos los días o la era de los milagros ha llegado a su fin? ¿O es que la verdad está en un punto intermedio?

- ¿Alguna vez has visto un milagro? Si es así, ¿qué aprendiste de Él?

3. SANAR EN SÁBADO (5:1-15)

Pida a alguien que lea a la clase Juan 5:1-15 en voz alta.

Antes de los hospitales y la llegada de la medicina moderna, los enfermos y discapacitados, desesperados en busca de cualquier esperanza, intentaban cualquier cosa. Ocasionalmente, se creaban cuentos o leyendas sobre esta o aquella cura y antes de lo que canta un gallo, una estampida de enfermos se reunían para ser sanados. Este era el caso del estanque de Betesda. De acuerdo con la leyenda, periódicamente un ángel descendía del cielo y agitaba el agua del estanque. El primero en entrar era sanado. Esta es la razón por la que tanta gente enferma estaba esperando en el estanque.

Sólo dos sanidades registradas en el evangelio de Juan fueron iniciativa de Jesús: esta y la sanidad de un ciego en el capítulo 9. Ambas ocurrieron en sábado. Es difícil imaginar que una sanidad pudiera ser tan escandalosa pero ambas sanidades lo fueron. De acuerdo con la ley judía, ninguna obra se debía hacer en sábado y Jesús siendo un buen judío, lo sabía. Pero de todas maneras sanaba.

- *Si Jesús sabía que lo que los líderes judíos iban a decir sobre el sábado, ¿por qué lo hizo?*

- *Jesús ordenó al cojo que recogiera su camilla y anduviera (v.8). Sabía que esto le daría publicidad a la sanidad. ¿Por qué no simplemente sanó al hombre y lo mantuvo como un secreto entre amigos?*

- *No es extraño que los líderes religiosos quedaran atrapados en las reglas. Los líderes judíos, en su celo por guardar el sábado, olvidaron por qué se instituyó en primer lugar. ¿Puedes pensar en algunas formas en que los cristianos sean culpables de lo mismo?*

4. TRABAJO (5:16-30)

Pida a alguien que lea en voz alta Juan 5:16-30 a la clase.

Al sanar en sábado, Jesús creó una crisis entre la gente. Desafió la autoridad de los líderes judíos y declaró que Él era el vocero de Dios. Es entendible por qué a los líderes judíos no les gustó esta idea (sin importar el milagro). Era una clara amenaza a su posición. Pero el punto era este: Jesús quería que la gente eligiera entre Dios y los líderes judíos. Quería que la gente creyera en Él para que pudieran tener vida en Él.

- *¿Cómo defiende Jesús la sanidad en los versículos 17-20? ¿Cuál es el punto de su argumento?*

- *El cuarto de los Diez Mandamientos requiere que los judíos guarden el sábado y no trabajen ese día. (Revisa en Éxodo 20:8-11 y Deuteronomio 5:12-15.) En la práctica de este mandamiento los judíos se olvidaron del objetivo de este mandamiento. ¿Dónde crees que se desviaron?*

- *En el versículo 20, Jesús dice, "Pues el Padre ama al hijo y le muestra todo lo que hace. Sí, y aún cosas más grandes que estas les mostrará que los dejarán a ustedes asombrados". Luego explica qué quiere decir con "cosas más grandes" en los versículos 21 al 30. ¿Cuáles son esas cosas más grandes?*

- *A lo largo de su discurso, Jesús una y otra vez dice que la autoridad que ejerce no es suya. ¿De quién es esa autoridad y cómo lo comprueba?*

- *Esta sección nos ha mostrado a Dios en acción. Basado en lo que has leído, ¿cuál es la naturaleza del trabajo de Dios?*

¡SE FRAGUA EL COMPLOT! (5:18)

"Así que los judíos redoblaban sus esfuerzos para matarlos". Desde el inicio del ministerio de Jesús había fuerzas obrando para matarlo. Aunque esta no es la primera pista de que Jesús iba a morir, sí es la primera vez que vemos a los judíos trabajando para matarlo. Sus intenciones ciertamente no tomaron a Jesús por sorpresa. Él entendía la mente de los hombres y sabía de lo que eran capaces de hacer. Tan pronto como en el capítulo dos, Jesús anunció que iba a morir a manos de los judíos. En el capítulo cinco, los judíos empezaron a reunir razones para deshacerse de Jesús. No sólo está Jesús quebrantando el sábado sino que está llamando a Dios su propio Padre. Desde este momento mantén tus ojos abiertos para ver cómo se desarrolla la conspiración para matar a Jesús. Al leer, trata de imaginar cómo era para Jesús una vida huyendo y trata de entender por qué los judíos buscaron matarle. Y finalmente, busca cómo Jesús usó esto mismo, su propio asesinato, para glorificar a su Padre.

5. TESTIMONIO (5:31-47)

En los versículos 31 al 47, Jesús hace unas declaraciones muy audaces. Alguien dijo una vez que Jesús era o un egomaniático o que fue quien dijo que ser. Para la gente que escuchaba a sus declaraciones creer en Jesús significaba rechazar a los líderes judíos y seguirle. Las cosas no han cambiado. Hoy creer en Jesús significa rechazar al mundo y hacer de Él el centro de nuestra vida.

- *Pida a alguien leer en voz alta Juan 5:31-47.*

- *¿Cuáles son las fuentes del testimonio al que Jesús apela?*

- *Jesús da sus razones de por qué los líderes judíos rechazan este testimonio. ¿Cuáles eran esas razones?*

- *En los versículos 41 al 44, Jesús dice que aquellos que acepten la alabanza del hombre pero que no busquen la alabanza de Dios nunca creerán en Él. ¿Puedes dar algunos ejemplos de gente que conozcas que no crea en Jesús porque están más preocupados sobre la opinión de la gente?*

- *¿Por qué crees en Jesús? ¿Qué testimonio escuchaste que ayudó a que la fe se desarrollara en tu vida?*

APLICA LA PALABRA

1. El currículum vitae de Dios

Este ejercicio puede ser muy divertido si puede hacer que sus jóvenes usen un poco de imaginación. El giro es pensar en Dios desde un ángulo que sus jóvenes no hayan pensado antes. Como Dios es un Dios que trabaja, tiene por lo tanto experiencia laboral y muchas referencias. Los jóvenes en este ejercicio harán el currículum vitae de Dios como si estuviera buscando trabajo.

Pida a sus jóvenes que compartan su trabajo o, como opción, convierta esto en un juego de rol. Pida a un estudiante actuar como entrevistador de una oficina de empleos y luego pida a otro joven que venga y presente su currículum al entrevistador. El propósito de esta actividad es ver al trabajo desde la perspectiva de Dios.

Dios es un Dios "que trabaja". Cuando leemos la Biblia lo vemos con sus manos en tierra y sus rodillas dobladas y poniendo sus manos en la necesidad del mundo. Para este ejercicio imaginen que Dios está buscando empleo y que necesita redactar un currículum vitae. Usen Génesis 1:1-2:3 y Juan 3:2-5:47 como antecedente sobre lo que Dios ha hecho y para lo que está preparado. Usen el siguiente bosquejo como guía para escribir el currículum de Dios.

Nombre: Dios

Dirección postal: Cielo

Edad: (¿Qué edad tiene Dios?)

Objetivo: (¿Qué tipo de trabajo está buscando Dios?)

Experiencia: (¿Qué ha hecho que lo califica para tal empleo?)

Premios y Honores:

Referencias:

Logros personales:

Fortalezas / Debilidades:

2. Trabajar con Dios

Se les pide a los estudiantes pensar sobre la pregunta clásica, "¿Qué quieres ser cuando seas grande?" Pero se les pide que añadan una dinámica extra. La mayoría de los jóvenes toman sus decisiones basados en expectativas culturales y asuntos de estatus. Después de esto, sus propios gustos y disgustos salen a flote y si están excepcionalmente comprometidos, le piden a Dios su bendición para todo lo anterior. Como muchos jóvenes no están conscientes de que Dios trabaja, piensan que el único trabajo "al estilo de Dios" es el ministerio de tiempo completo. Conforme compartan los jóvenes, ayúdeles a pensar bien cómo se relaciona su trabajo con el testimonio cristiano.

Cuando te conviertes, te unes a la familia. Eso significa que trabajas porque Dios trabaja y descansas porque Él descansa. Jesús nos muestra lo que significa trabajar con Dios. Significa que hacemos lo que vemos hacer a Dios. ¿Y cómo sabemos lo que Dios está haciendo? Viendo a Jesús.

Como cristianos creemos que Dios creó al mundo. Esto significa que no hay un trabajo que no pueda ser entendido como "trabajo de Dios". (Excepto, desde luego, el trabajo que es claramente pecaminoso como traficar con drogas y por lo tanto, no es un verdadero trabajo). Se dice que Martín Lutero dijo que un hombre puede glorificar a Dios igualmente cavando con la pala que cantando aleluya en la iglesia. Lo que hace de un trabajo un trabajo "de Dios" es trabajar para glorificar a Dios y servir a su creación.

Imagina que tienes sueños y esperanzas para tu vocación en la vida. Tal vez quieras ser una persona de negocios, abogado, ingeniero, piloto o constructor de casas. Piensa en algo que quieras hacer y piensa en ello como un trabajo "de Dios". ¿Cómo puede hacerse de manera que glorifique a Dios y sirva a su creación?

VIVE LA PALABRA

¡Toma un descanso!

Esta actividad se enfoca en el sábado y su rol en la iglesia y la comunidad en general. La mayoría de sus jóvenes probablemente no puedan recordar cuando los comercios cerraban los domingos y todos se quedaban en casa y pasaban el día juntos. Se les pide a los jóvenes que escriban por qué es bueno el descanso e importante para los cristianos y que reflexionen en cómo un día común de descanso es bueno para todos.

El dicho dice, "El mucho trabajo y la poca diversión hacen del muchacho un aburridón". Aunque Dios sea un Dios que trabaja, también es un Dios de descanso. En la creación estableció un patrón de trabajo y descanso en el que el descanso le sigue al trabajo como un tiempo de celebración. El descanso nos ayuda a reflexionar sobre el trabajo y prepara a aquellos que trabajaron para hacerlo de nuevo. Es un tiempo de gozo.

Hubo un tiempo en muchos países en los que era ilegal trabajar los domingos. Todos eran obligados a tomarse el día libre. Tristemente hemos perdido un día común de descanso.

¿Por qué es tan bueno e importante el descanso para los cristianos?

¿Por qué un día común de descanso es algo bueno para todos?

Termine con una oración.

El pan y la sangre

4

PASAJE DE ESTUDIO
Juan 6:1-71

VERSÍCULO CLAVE
"Ciertamente les aseguro, afirmó Jesús, que si no comen la carne del Hijo del hombre ni beben su sangre, no tienen realmente vida" (Juan 6:53).

OBJETIVOS DE ENSEÑANZA
Ayudar a los estudiantes a:

1. Entender que la muerte sacrificial de Jesús es nuestro único medio para obtener vida eterna.

2. Sentir admiración por lo que Dios ha hecho por nosotros mediante la muerte sacrificial de Jesucristo.

3. Apreciar más profundamente los sacramentos de la Comunión y el bautismo, y la realidad espiritual a la que nos llevan.

PERSPECTIVA
Un ritual sin corazón es algo vacío y un corazón sin ritual no tiene forma de expresarse. Uno de los mayores crímenes de la era moderna es la degradación del ritual. La sabiduría convencional dice que el corazón es todo lo que importa y, como todas las mentiras, esta idea contiene algo de verdad. Sin el corazón, el ritual no tiene vida. La victoria contemporánea del corazón, para el abandono total del ritual, ha dejado al corazón para sí mismo y con ello, totalmente solo.

El individualismo egocéntrico es una herejía. Necesitamos algo que vaya más allá de nosotros mismos. El ritual nos alimenta. Nos hace más profundos y amplía nuestros horizontes al llevar las riquezas de una tradición compartida. Al participar en él, sabemos quiénes somos porque el ritual nos dice quiénes somos.

Los jóvenes probablemente sientan la necesidad del ritual más que cualquier otro segmento de nuestra sociedad. Hambrientos de identidad, ellos buscan significados dondequiera que los puedan encontrar. Sin embargo, al mismo tiempo son alentados a romper los lazos con el pasado. Se les dice que vean dentro de sí para encontrarse a sí mismos.

Los dos sacramentos más importantes de la Iglesia Cristiana son la Comunión y el bautismo. Al practicarlos formamos parte de una gran tradición que se remonta hasta Jesús mismo. Desafortunadamente, al poner un énfasis en el corazón, excluyendo en ocasiones estos rituales, la iglesia moderna ha debilitado nuestra conexión con esta tradición. Con mucha frecuencia nuestro cristianismo es individualista. Y como no sabemos quiénes somos, nos hace falta un testimonio corporativo unido y disciplina entre nuestros miembros. Necesitamos un aprecio renovado y la práctica de estos sacramentos.

Esta lección no trata sobre los sacramentos en sí, sino la sustancia de esos sacramentos, el significado incluido en cada uno.

ANTECEDENTE BÍBLICO

Es importante recordar que los primeros dos episodios en el capítulo 6, la alimentación de los 5 mil y caminar sobre el agua, son señales. Son mucho más que alimentar a los hambrientos y el hecho de que Jesús tomara un atajo para llegar con sus discípulos. Estas señales nos enseñan sobre Jesús y Su misión en el mundo.

1. LA ALIMENTACIÓN DE LOS 5,000 (6:1-15)

Las malas lecturas populares de este pasaje interpretan el episodio como un milagro de compasión: Jesús alimenta a la gente que olvidó llevar su almuerzo. El mensaje que deberíamos obtener de esto es que tenemos un Salvador que es conmovido por nuestras necesidades físicas. Aunque la premisa detrás de esto es verdad, no toca el punto principal.

2. JESÚS CAMINA SOBRE EL AGUA (6:16-24)

Es tentador interpretar este episodio como un evento completamente separado del que le precede. Comúnmente es visto como algo que Jesús realizó por el bien de sus discípulos, una revelación desde adentro para fortalecer su fe. Cuando se lee este pasaje hoy, la mayoría de la gente lo ve como una historia de aliento: cómo sobrevivir en tiempos difíciles. Si sólo lo dejáramos entrar a la barca cuando arrecia la tormenta todo estaría bien. De nuevo, aunque todo esto es muy cierto, no es el punto principal de la porción bíblica.

3. ENTENDIÉNDOLO TODO (6:25-71)

¿Qué significan las dos historias? Los eventos que siguen aclaran mucho el misterio. En los versículos 25-29, Jesús se compara y contrasta con el maná que Dios proveyó para alimentar a los israelitas mientras vagaban en el desierto. Como el maná se pudrió, Él les dice que trabajen para obtener el pan que perdura. Luego les dice que Él es este nuevo y mejorado Pan celestial. Los versículos 32-42 tratan con Su origen en el cielo y la dificultad de la multitud para aceptar esto. Entonces, irónicamente se quejan de

este Pan celestial recordándonos a otro grupo de israelitas quienes también se quejaron del pan celestial (Éxodo 16).

Los versículos 47-59 están llenos de imágenes asombrosas. Aquí Jesús describe con lujo de detalle que sus seguidores en verdad comerán su carne y beberán su sangre. En los versículos 44-45 y 62-65, Jesús advierte que sólo a los que el Padre se los permita podrán creer esta difícil enseñanza.

Con estos eventos en mente, volvamos al simbolismo de las dos señales precedentes. Primero, recordemos la alimentación de los 5 mil. ¿Recuerdas el comentario de Felipe sobre el trabajo? No debemos trabajar para obtener el Pan de Vida; no podemos producirlo; es un don de Dios. La obra que Dios pide es el difícil trabajo de creer en Aquel a quien Dios ha enviado (v. 29). ¿Recuerdas los panes y los pescados? Este es el Pan de Vida, la carne de Jesús, dada a nosotros por Dios. Las doce canastas que sobraron pueden representar a las 12 tribus de Israel, quienes rechazaron al Hijo del Hombre y a los 12 apóstoles quienes no dejaron que nada se desperdiciara y les presentaron el Pan de Vida a otros.

No sobra ningún pez porque el caminar sobre el agua continúa con este tema. El pez indica la señal de Jonás (Mateo 12:39-41). Así como Jonás estuvo bajo el agua tres días, así Jesús iría bajo la superficie de la tierra y se levantaría de Nuevo en tres días. Los discípulos se lanzaron a la mar por la noche y estaban separados de la multitud por una parte de agua. Esto simboliza su separación de la multitud por la muerte sacrificial de Jesús. Esto representa el ritual del bautismo, así como la alimentación de los 5 mil representa la Comunión. Es el agua del bautismo en la muerte expiatoria de Cristo lo que separa a los seguidores de Jesús del resto del mundo. Y una vez que han navegado cinco o seis kilómetros, lo que simboliza los tres días en la tumba, ven a Jesús viniendo hacia ellos sobre el agua. Y una vez que entra en la barca llegan inmediatamente a la otra orilla.

Y con esto tenemos material suficiente del cual se desarrollaron los sacramentos: la Comunión, o Santa Cena, (la alimentación de los 5 mil) y el bautismo (cuando Jesús camina sobre el agua). Cada vez que participamos de estos sacramentos, ordenados por Jesús, somos alimentados porque recordamos.

Otros nombres para la Comunión

• Eucaristía

• La Cena del Señor

• Fiesta de Amor

- Partir el Pan

- Santa Cena

  Bautismo

El ritual del bautismo es muy sencillo de entender. Es el acto público por el cual una persona es iniciada en la iglesia identificándose con la muerte y la resurrección de Jesús. Pero, como en el caso de la Cena del Señor, el ritual ha sido interpretado de varias formas. Un debate rodea a la pregunta, "¿Es el bautismo meramente una afirmación pública de la fe o es un medio de la gracia salvadora de Dios?"

Los que lo entienden como un recipiente de la virtud que salva, típicamente practican el bautismo de infantes. Algunos hasta bautizan a los muertos con algún sustituto. Los que entienden el bautismo como simplemente un acto público que confirma la fe salvadora, lo guardan para personas que profesen la fe por sí mismos.

Como con la Comunión, aquellos que creen que el acto en sí tiene poder lo practican más fielmente que aquellos que no lo creen.

ACTIVIDADES DE LA SESIÓN

EMPÁPATE DE LA PALABRA

Vivir en la muerte

Esta actividad puede hacerse como un tour mental por un supermercado o puede hacerse como una verdadera excursión. Se les pide a los estudiantes que "busquen" por los pasillos cualquier comida que esté viva. No encontrarán nada porque todo lo que comemos está muerto. El objetivo de la actividad, mórbido o no, es real. Literalmente debemos matar y comer a otros seres vivientes para vivir.

Esto puede ser algo mórbido pero piensen en una visita al supermercado e imaginen que el lugar está lleno de cosas muertas. Vayan a la sección de carnes y cuando vean las piernas de pollo díganse a sí mismos, "piernas de pollo muerto". Cuando vayan a la sección de las verduras y vean las puntas de los elotes, díganse: "las semillas muertas de una mazorca". Al ir pasando por el lugar busquen cosas para comer que no estén muertas y hagan una lista. Su lista va a ser muy corta. De hecho, quedará en blanco porque nuestros cuerpos viven de la muerte de otros seres que una vez estuvieron

vivos. Hoy, vamos a ver cómo somos capaces de vivir gracias a que uno que estaba vivo murió para que pudiéramos tener vida.

EXPLORA LA PALABRA

1. PANORAMA (JUAN 6:1-71)

Términos/personas que debemos conocer

- *Mar de Galilea (Mar de Tiberias) (Juan 6:1) – También conocido como "Mar de Genesaret o de Tiberíades", el Mar de Galilea está ubicado cerca de 60 millas al norte de Jerusalén. Como está ubicado en un valle rodeado de montañas, el Mar de Galilea se conoce por sus tormentas violentas e impredecibles (ver Juan 6:16-24).*

- *Galilea (Juan 6:1) – El extremo norte de las tres provincias principales de Palestina: Samaria, Galilea y Judea. El área era muy importante para Jesús y su ministerio ya que creció en Nazaret de Galilea, realizó su primer milagro en Caná de Galilea y escogió a sus discípulos en esa área. Mateo, Marcos y Lucas registraron la mayor parte del ministerio de Jesús en Galilea.*

Jesús ha desatado las fuerzas que en última instancia lo llevarían a la muerte. Había hecho alusión a su destino sobre una cruz en dos ocasiones: una vez Él mismo lo dijo en el templo (2:20) y, la otra, el escritor de este evangelio (5:18). Pero ahora, hemos llegado a una esquina en la narrativa. Desde este momento, Jesús le presta mucha atención a su muerte inminente. Por raro que parezca, la alimentación de los 5 mil y caminar sobre el agua son señales que señalan hacia la cruz. Son símbolos que nos ayudan a presentir su muerte y nos dan una idea de cómo pueden cambiar nuestras vidas.

- *Pensando en la muerte de Jesús leamos estas historias y la enseñanza que sigue. Pida a alguien que lea a la clase Juan 6:1-71 en voz alta mientras que los demás siguen la lectura con sus Biblias.*

- *¿Puedes ver algo en estos versículos que te lleven a Jesús y a su muerte en la cruz?*

- *¿Hay algo en las Escrituras que hayas encontrado interesante o te haya causado conmoción?*

- *¿Algo te recuerda la Cena del Señor?*

- *¿Hay algo que te recuerde el bautismo?*

2. ALIMENTACIÓN DE LOS 5,000 (6:1-15)

Que alguien relea Juan 6:1-15 en voz alta.

Ha pasado casi un año desde que Jesús purificó el templo. Ahora está en Galilea enseñándoles a las multitudes que han empezado a seguirle. Como se acercaba la fiesta de la Pascua, Jesús les pidió a sus discípulos que le dieran de comer a la multitud. Ellos se asustaron. Lo que ocurrió después es uno de los milagros mejor conocidos y menos entendidos de la Biblia. Jesús alimenta a más de 5 mil personas con cinco panes y dos peces.

Ya que no entenderemos plenamente el significado del milagro sino hasta más adelante, subrayemos y exploremos algunos de los puntos de la historia.

- *El tiempo es la Pascua. Esta es una pista importante para entender todo lo que sigue. La Pascua era una temporada para recordar la muerte de los primogénitos de Egipto. En Éxodo puedes ver cómo Dios envió a un ángel para matar a los primogénitos de Egipto porque el Faraón no quería liberar a los esclavos hebreos. Pero los hebreos se salvarían si con la sangre de un cordero pintaban los marcos de las puertas de sus casas. Así fue como el ángel de la muerte sabría que debía pasar de largo por esas casas. Los cristianos llaman a Jesús "el Cordero de Dios". ¿En qué se relaciona el sacrificio de un cordero de Pascua con el sacrificio de Jesús?*

- *Los números son importantes en la Biblia. Están llenos de significados simbólicos. ¿Cuáles son algunos de los números registrados en Juan 6:1-15? ¿Tienes alguna idea sobre lo que pudieran simbolizar los números?*

- *Los versículos 14 y 15 muestran que la gente estaba expectante y ansiaba que llegara un Rey mesiánico. La gente había llegado a creer que el Mesías era un líder que los liberaría del liderazgo opresivo de Herodes y los romanos. ¿Por qué crees que Jesús quería irse solo?*

3. UN PASEO POR EL LAGO (6:16-24)

Pida a alguien que lea en voz alta Juan 6:16-24.

Aquí está otro milagro muy conocido y muy mal entendido. Recuerda que los milagros de Jesús eran señales que servían para aclarar su misión en el mundo.

- *¿Por qué crees que los discípulos tenían miedo?*

- *¿Qué les muestra Jesús a los discípulos y a nosotros caminando en agua?*

4. EL PAN DE VIDA (6:25-59)

Pida a alguien que lea en voz alta Juan 6:25-59.

Ahora que hemos visto las señales, Jesús nos ayuda a entenderlas. Jesús habla de sí mismo como "el pan de Dios" y "el pan de Vida". Cuando Jesús le dio el pan a la multitud, en realidad se estaba entregando a la multitud. Es por esto que había más que suficiente para todos, porque Jesús iba a morir por todo el mundo. Jesús insiste en que los discípulos empiecen a trabajar por algo más que sólo la comida terrenal. Revela que la obra de Dios empieza no "haciendo" algo, sino simple y verdaderamente creyendo en Aquel que fue enviado por Dios: el verdadero pan de vida del cielo.

- *En el versículo 26, ¿por qué dice Jesús que lo busca la multitud?*

- *¿Por qué es superficial la razón de ellos para buscar a Jesús?*

- *Jesús construye un paralelo complejo entre él mismo y el maná. ¿En qué se parece Él al maná? (En caso de que quieras saber qué es eso del maná, lee Éxodo 16. ¡Es una maravillosa historia! El maná era una sustancia parecida al pan que caía del cielo cuando los israelitas vagaron por el desierto después de haber escapado de Egipto. Cada mañana recogían sólo lo suficiente para ese día creyendo que Dios les proveería lo suficiente al día siguiente. Como nunca habían visto el maná antes (o desde entonces), era una rareza. Cuando los judíos lo vieron por primera vez exclamaron, "¿Maná?" que significa "¿qué es esto?" en hebreo. El nombre se le quedó. Jesús usó la pregunta de la multitud sobre el maná para explicar que Él es un pan nuevo: un pan que da vida eterna, una vida de gracia y verdad. Así como el maná, Jesús también cayó del cielo. Todo el que comiera de este nuevo pan no moriría sino que viviría para siempre).*

- *Los versículos 37 y 44 parecen indicar que recibir el pan de vida no es del todo una decisión nuestra. ¿De quién es entonces?*

- *Las palabras de Jesús en los versículos 51 al 58 son muy gráficas. Los judíos se ofenden y preguntan, "¿Cómo puede este hombre darnos su carne para que la comamos?" ¿Cómo responderías a esa pregunta?*

- *El versículo 41 dice que los judíos empezaron a murmurar de Jesús porque dijo, "Yo soy el pan que bajó del cielo". ¿Puedes recordar otra ocasión en la que los judíos murmuraran de Jesús porque dijo que era el pan del cielo?*

5. Algunos de los discípulos abandonan a Jesús (6:60-71)

Pida a alguien que lea a la clase Juan 60:60-71.

¿Cómo es que el mismo Hijo de Dios fue hecho carne y sangre y se convirtió en un ser humano? Esta enseñanza era difícil de aceptar para los judíos y para los discípulos. Jesús dijo que no sólo había descendido del cielo sino que también ascendería al cielo. Y aunque había realizado muchos milagros frente a ellos y estaba parado ante ellos y les hablaba, ellos todavía no lo podían creer.

- *De acuerdo con el versículo 60, ¿qué hicieron muchos de los discípulos cuando escucharon la enseñanza de Jesús?*

- *¿Qué dice Pedro a nombre de los 12 para expresar su compromiso con Jesús?*

- *Jesús nos presenta el mismo desafío hoy en día. ¿Tú también te quieres ir?*

APLICA LA PALABRA

El debate sobre la Cena del Señor

Esta actividad es una introducción a una controversia que ha intrigado a la iglesia por siglos. Es poco probable de sus estudiantes hayan reflexionado sobre la naturaleza de la Cena del Señor. Por lo mismo, el debate puede parecerles algo simple. Pero es un debate muy serio, ya que si nuestra salvación en verdad depende de participar de los medios de gracia, más vale que sepamos si la Cena del Señor es obligatoria o no.

La Transubstanciación es la postura de la Iglesia Católica Romana. Para los católicos, la Cena del Señor o Comunión está rodeada de un gran misterio y poder. Sólo los sacerdotes están autorizados para darla y se cree que recibir la Eucaristía es literalmente esencial para conocer la salvación en Cristo. Muchos católicos devotos participan de este medio de gracia diariamente.

La Consubstanciación fue desarrollada posteriormente por el gran reformador Martín Lutero. Lutero creía firmemente en el sacramento de la Cena del Señor. Quería que los seguidores recibieran la gracia mediante en sacramento pero no estaba dispuesto a convertirlo en algo esencial para la salvación. Esto debilitó la práctica entre los luteranos y otros siguieron el mismo ejemplo.

La postura de la mayoría de los evangélicos es que se trata de un recordatorio simbólico, y esto incluye a la Iglesia del Nazareno. Se trata de la creencia de que la Comunión o Santa Cena funge como un recordatorio de lo que Cristo ha hecho y es simbólico. Los cristianos que sostienen esta postura probablemente practican el sacramento muy poco pero deben recordar que el Señor ha ordenado que lo recordemos así y deben recordar también que aun cuando Él no esté presente en los elementos, sí está presente en la recepción de la Comunión.

Jesús dio su cuerpo como un sacrificio para que pudiéramos comer su cuerpo y beber su sangre para vivir. Estas fueron las palabras de Jesús. Pero la gran pregunta es, ¿cómo lo hacemos?

Con el tiempo, han surgido tres interpretaciones que ayudaron a los cristianos a entender la relación entre la Comunión y la vida espiritual que recibimos de Jesús. Y las expresaron en tres mega palabras, ¡así que ponte listo!

1. Transubstanciación

Esta creencia afirma que cuando los cristianos celebran la Cena del Señor, la "sustancia" detrás de la apariencia del pan y el vino milagrosamente se transforman en el cuerpo y la sangre de Jesús. En esta tradición los elementos se llaman "anfitriones" porque transportan el cuerpo y la sangre misma de Jesús. Aunque la apariencia de los elementos siga siendo la misma, en realidad son el cuerpo y la sangre de Jesús.

2. Consubstanciación

Aunque esta postura se parece mucho a la transubstanciación, no es igual. Estos cristianos creían que el cuerpo y la sangre espirituales de Jesús estaban "con" los elementos. Una vez más, el pan y el vino parecen pan y vino pero Jesús está dentro de los elementos. Es más que sólo comer y beber: es la relación de una convivencia entre el creyente y Jesús dentro del sacramento.

3. Simbólico

Esta postura es muy diferente a las anteriores. Los cristianos que creen esto celebran la Comunión o Cena del Señor pero para ellos el pan es sólo pan y el vino es sólo vino. Es un recordatorio. El poder de la celebración está en que nos recuerda que Dios nos dio gracia por medio de Cristo. En esta creencia, Jesús se recibe mediante el poder del Espíritu Santo. Sin embargo, Jesús está presente en la celebración porque Jesús siempre está presente cuando los creyentes se reúnen en su nombre.

- *¿Cuál de estas creencias has aprendido, si es que te han enseñado alguna de ellas?*

- *¿Tú qué crees que es la Cena del Señor?*

- *¿Cómo le describirías a Jesús a un amigo tuyo?*

VIVE LA PALABRA

Celebrar la Comunión

Para concluir esta sesión pida a su pastor que vaya y comparta la posición de la iglesia sobre la Cena del Señor y ayude a sus estudiantes a entender el lugar que estos sacramentos ocupan en la iglesia. Luego pídale que celebre la Comunión con el grupo.

Termine con una oración de agradecimiento por el don de Cristo.

¿Qué escogerás?

5

PASAJE DE ESTUDIO

Juan 7:1—8:30

VERSÍCULO CLAVE

"El que esté dispuesto a hacer la voluntad de Dios reconocerá si mi enseñanza proviene de Dios o si yo hablo de mi propia cuenta" (Juan 7:17).

OBJETIVOS DE ENSEÑANZA

Ayudar a los estudiantes a:

1. Entender que Dios ha juzgado al mundo por cómo el mundo juzga a Jesús.

2. Sentir la urgencia para aceptar a Jesús.

3. Comprometerse con ellos mismos a tener fe en Jesús y ser obedientes a Él.

PERSPECTIVA

Un joven se acercó a mí después de que yo predicara lo que consideraba un mensaje poderoso. Me hizo algunas preguntas filosóficas sobre la existencia de Dios. Me impresionó su profundidad de pensamiento y sus preguntas me desafiaron. Pero después de 20 minutos de discusión me di cuenta de que el verdadero tema no era la existencia de Dios. El verdadero tema era el orgullo. Enfrenté a mi curioso antagonista con la pregunta: "Si contestara todas tus preguntas y no te dejara lugar a dudas, ¿creerías en Dios y le obedecerías?" Contestó, "No."

Las objeciones hacia Jesús usualmente tienen menos que ver con lo "absurdo" de sus afirmaciones y todo que ver con la obediencia personal. Los que eligen hacer la voluntad de Dios sabrán de dónde vienen las enseñanzas de Jesús. Dietrich Bonhoeffer, en El costo del discipulado (Macmillan, 1963), nos ilustra esto:

Sólo el que cree es obediente y sólo el que es obediente cree. No es bíblico sostener la primera proposición sin la segunda. Pensamos que entendemos cuando escuchamos que la obediencia es posible sólo donde hay fe. ¿No sigue la obediencia a la fe como el buen fruto crece de un buen árbol? Primero la fe, luego la obediencia. Si por esto queremos decir que es la fe la que justifica y no el acto de obediencia, todo está bien. Sin embargo, si hacemos una distinción cronológica entre la fe y la obediencia y hacemos a la obediencia subsecuente a la fe, estamos divorciando a una de la otra y luego viene la pregunta práctica, ¿cuándo debe empezar la obediencia? Nunca debemos perder de vista su unidad esencial, porque la fe sólo es real cuando hay obediencia, nunca sin ella, y la fe sólo se convierte en fe en el acto de obediencia (p. 69).

La incredulidad dice más sobre la gente de lo que dice sobre Dios. Y la desobediencia se juzga. Esta sesión construye sobre los temas que se trataron en la segunda lección. Esencialmente trata sobre el juicio.

ANTECEDENTE BÍBLICO

Un vistazo rápido al movimiento de la Nueva Era, u otras creencias populares, revela que las inconsistencias lógicas, o simples tonterías, raramente evitan que la gente crea lo que quiere creer. De la misma manera una prueba irrefutable casi nunca cambia a una mente necia.

Los milagros y enseñanzas de Jesús no parecen cambiar las mentes de las personas sino revelar lo que ya está en esas mentes. Revelan al obediente por su fe y al pecador por su incredulidad.

En el capítulo 7, versículos 1-9, vemos que la familia terrenal de Jesús no era un refugio perfecto para esconderse del mundo. El versículo 17 muestra que ni los hermanos de Jesús vivían vidas obedientes. Y el versículo 7 parece tener una condena indirecta cuando Jesús dice, "El mundo no tiene motivos para aborrecerlos; a mí, sin embargo, me aborrece porque yo testifico que sus obras son malas".

El resto del capítulo 7, y todo el 8, muestra a Jesús en la Fiesta de los Tabernáculos. ¿Qué vemos a Jesús hacer en la Fiesta? Dividir a la gente (7:43). El Día del Señor ha llegado.

Lo primero que dice es que los que eligieron hacer la voluntad de Dios reconocerán de dónde proviene su enseñanza (7:17). Luego defiende la sanidad del hombre inválido en sábado, apelando al hueco que deja ley mosaica sobre la circuncisión en sábado: ¿Qué quiere decir? Si se puede hacer una excepción para la circuncisión, una simple señal de adherencia a la ley, ¿por qué no exentar una sanidad? ¿Cuál de las dos encarna el espíritu de la ley?

En el resto del capítulo 7, vemos que Jesús, el habilidoso esquivador, astutamente evade los torpes intentos de las autoridades de atraparlo y deshacerse de Él. Refiriéndose a su origen, divide aun más a la gente: "No he venido por mi propia cuenta, sino que me envió uno que es digno de confianza. Ustedes no lo conocen pero yo sí lo conozco porque vengo de parte suya y él mismo me ha enviado" (vv. 28-29). Algunos creen (vv. 31, 40, y 41), en tanto que otros parece que no pueden ir más allá de sus objeciones intelectuales: "¿Cómo puede el Cristo venir de Galilea?" (v. 41).

En el capítulo 8, versículos 12-30, Jesús habla de testimonio y juicio. El versículo 12 parece una táctica para despertar la ira de los fariseos. En respuesta a su objeción, Jesús cita la ley: "El testimonio de dos personas es válido"(v. 17). Se señala a sí mismo como el primer testigo y luego llama al Padre como su segundo Testigo. Desde luego, Él sabía que esto no los dejaría satisfechos ya que el segundo Testigo era imposible de probar.

Jesús les advierte que sin fe en Él morirán en sus pecados. Luego hace referencia a la imagen de la serpiente de bronce mencionada en el capítulo 3. Esta, dice Jesús, será la señal que forzará a la gente a reconocer que Él es quien dice ser.

ACTIVIDADES DE LA SESIÓN

EMPÁPATE DE LA PALABRA

Habla

Muchos jóvenes pueden sentirse identificados con la siguiente historia. Las presiones sociales que los jóvenes cristianos enfrentan en sus escuelas son tan poderosas y en ocasiones más duras que las que enfrentan los cristianos en otros lugares. Aunque un buen número de jóvenes están defendiendo su fe en el Señor, muchos no lo hacen. En la guerra cultural actual por la imaginación moral de los jóvenes, muchos cristianos que pelean en el frente de la batalla lo hacen sin la preparación mental o el apoyo moral que la iglesia institucional puede proveer. Un grupo como su Grupo Descubrimiento puede proveer el apoyo que sus jóvenes necesitan. Puede empezar pidiéndole a alguien que lea la historia en voz alta. Otro método puede ser pedir que sus jóvenes actúen la historia. Una vez que hayan terminado, simplemente abran el foro para discusión con la pregunta: ¿Alguna vez has estado en una situación como la de Juan? Se sorprenderá de las respuestas. Dé el tiempo suficiente para que los jóvenes compartan antes de pasar a la siguiente actividad.

A Juan le gustaba mucho la escuela dominical. Su clase estaba trabajando con lecciones que tenían que ver con asuntos sociales contemporáneos. Le gustaba la clase por las discusiones que tenían semana tras semana y porque su maestra, la Sra. López, les ayudaba a descubrir las respuestas por ellos mismos en lugar de darles los hechos.

Normalmente tenían una presentación equilibrada de asuntos sociales. Piense en cualquier tema y esta clase ya había leído al respecto, lo había discutido y debatido: homosexualidad, aborto, temas familiares, lo que sea.

La clase de hoy iba a ser particularmente difícil. El tema de discusión era "Los derechos de los homosexuales de adoptar niños". La noche anterior Juan había charlado con su tío quien era homosexual y quien había estado tratando de adoptar. Su tío se decía cristiano y verdaderamente quería tener una familia. Juan estaba confundido e inseguro de cómo hablar de esto con su tío. Así que estaba ansioso por hablar de estas cosas con la clase.

La Sra. López habló un poco sobre Romanos 1, sobre lo que es natural y lo que Dios quiere en las relaciones. También habló sobre cómo los homosexuales han sido perseguidos y torturados a lo largo de la historia y por qué la iglesia debe ser más amorosa. Enfatizó que la reconciliación sólo vendría mediante la gracia y no por la culpa, el entendimiento y no la ignorancia, y el amor en lugar del odio. Eventualmente, la Sra. López dejó abierta la discusión sobre la adopción por parte de los homosexuales.

Para sorpresa de Juan, algunos de la clase empezaron a hacer bromas y a burlarse de los homosexuales. Juan observaba a sus compañeros de clase y vio a muchos riéndose. El corazón de Juan se aceleraba. Las palmas de sus manos sudaban y se dijo a sí mismo, "Es ahora o nunca". Lentamente levantó la mano.

- ¿Qué dirías si fueras Juan?

EXPLORA LA PALABRA

1. PANORAMA (7:1–8:30)

Como una gran navaja, Jesús ha descendido del cielo para dividir a la nación judía. Al limpiar el templo y sanar a un hombre en sábado, Él expuso el fraude de los líderes religiosos. Como ejercía autoridad y poder independientemente de las autoridades y en conflicto directo con ellas, demostró que Dios estaba con Él. Esto lo convirtió en un fugitivo.

Ahora vemos que la tensión continúa creciendo entre Jesús y los líderes judíos. Jesús sabe que es odiado por sus enemigos y festejado por los que creen en Él. Y hasta alienta esta división, porque por ella Dios está juzgando a la nación y revelando los corazones de la gente.

Pida a alguien que lea en voz alta Juan 7:1–8:30 a la clase.

- ¿Cuál de las siguientes palabras crees que describe mejor el sentido de este pasaje: gozo, conflicto, paz, ira, salvación?

- Resume en un par de oraciones el mensaje que Jesús les presenta a los judíos.

- Si alguna vez has enfrentado a un sistema de poder corrupto, sabrás que se necesitan una determinación y valor enormes, ¿de dónde sacó Jesús la fuerza para hacer lo que hizo?

- ¿Alguna vez te has encontrado en una situación en la que hablar la verdad te hiciera impopular? De ser así, descríbela y comparte lo que aprendiste de ella.

2. ME ODIA (7:1-13)

Pida a alguien que lea en voz alta Juan 7:1-13 mientras que el resto de la clase sigue la lectura en su Biblia.

Cuando Jesús dijo, "El mundo me odia", no estaba sintiendo lástima de sí mismo. Sencillamente estaba compartiendo un hecho. Tenía toda la razón para creer lo que decía, después de todo, los judíos estaban tratando de matarlo.

- El versículo 5 nos muestra que ni sus propios hermanos creían en Él. ¿Alguna vez te has encontrado en esa misma situación: despreciado por tu fe en Dios y ridiculizado por tu propia familia? ¿Cómo lo manejaste?

- En el versículo 7, Jesús revela por qué el mundo lo odia. ¿Por qué la gente odia que sus maldades sean expuestas?

- En secreto Jesús va a la fiesta y escucha las opiniones de la gente sobre Él. A algunos les cae bien y a otros definitivamente no. ¿Por qué?

3. EL HOMBRE DE VERDAD (7:14-24)

Pida a alguien que lea en voz alta Juan 7:14-24 a la clase.

Jesús se revela a sí mismo en la fiesta y enseña abiertamente. La multitud está asombrada por su enseñanza porque Él no había estudiado en ninguna de las escuelas rabínicas de aquel día. Jesús usa su asombro para señalar que su enseñanza no proviene del hombre, sino de Dios. Después les pone un examen para verificar la veracidad de sus declaraciones. En el versículo 17 declara, "El que esté dispuesto a hacer la voluntad de Dios reconocerá si mi enseñanza proviene de Dios o si yo hablo por mi propia cuenta".

- *Esto significa que aquellos que no elijan la voluntad de Dios no podrán ver la fuente de la enseñanza de Jesús. El pecado ciega el ojo interno. Cuando la gente no ve la verdad en Jesús, ¿cómo podemos ayudarles a abrir sus ojos?*

- *Como vemos en el capítulo 7, hablar la verdad con frecuencia nos hace extremadamente impopulares. ¿Qué hay de nosotros? ¿Estamos preparados para seguir al Hombre de la verdad, aun si aceptar su mensaje significa ser odiado por el mundo?*

- *Algo no es necesariamente cierto porque la mayoría lo crea. Jesús nos muestra que la verdad no tiene nada que ver con los concursos de popularidad. La verdad es la verdad, ya sea que esté apoyada por la mayoría o no. ¿Cómo y dónde encuentran los cristianos la fuerza para hacer lo que es correcto aun cuando el mundo entero esté en su contra?*

4. JESÚS DIVIDE A LA GENTE (7:25-52)

Términos/personas que debemos conocer

- *Jefes de los sacerdotes (Juan 7:32) – En el Nuevo Testamento, los "jefes de los sacerdotes" eran el sumo sacerdote que oficiaba y cualquier sumo sacerdote que todavía viviera y los miembros de su familia.*

- *Belén (Juan 7:42) – Ubicada aproximadamente a ocho kilómetros de Jerusalén, su nombre significa "casa de pan". Esta ciudad era la ciudad natal del rey David y el sitio de su unción como el segundo rey de Israel. Por la descendencia de José, Belén también fue el lugar al que José tuvo que ir a registrarse en el censo instituido por el emperador romano de la época, César Augusto. José y María viajaron aproximadamente 112 Km., desde Nazaret donde vivían, hasta Belén. Fue mientras la pareja estaba en Belén que el nacimiento de Jesús tuvo lugar (Lucas 2).*

Pida a alguien leer en voz alta Juan 7:25-52 a la clase.

Aquí vemos a Jesús, el Hombre de la verdad, separando a aquellos que hacen la voluntad de Dios de los que no la hacen. La gente se juzga a sí misma por el juicio que hace de Jesús. Algunos creen en Él mientras que otros lo rechazan. Y Jesús permite que sus juicios se levanten en contra de ellos.

- *En los versículos 25 al 27 y 41 al 42, los judíos se preguntan cómo puede Jesús ser el Cristo cuando viene de Galilea. ¿Cuál es la respuesta de Jesús en los versículos 28 y 29?*

- *Cuando los jefes de los sacerdotes y los fariseos enviaron a los guardias del templo para arrestarlo, Jesús explicó, "Voy a estar con ustedes un poco más de tiempo… y luego volveré al que me envió", ¿Qué creyeron los judíos que Jesús quería decir con esto? ¿Tú qué crees que quiso decir?*

- *En el último día de la fiesta, Jesús prometió una bendición para los que creyeran en Él. ¿Cuál fue esa bendición?*

- *Los versículos 30 al 44 dicen que los judíos trataron de arrestar a Jesús pero que no podían echarle mano porque su tiempo aún no había llegado. Cuando los guardias del templo informaron su fracaso a los sacerdotes en los versículos 45 y 46, los fariseos preguntan "¿Acaso ha creído en Él alguno de los gobernantes o de los fariseos?" Y bien, ¿alguno creyó? (Mira el versículo 50.)*

5. El testimonio de Jesús (8:12-30)

Pida a alguien de la clase que lea en voz alta Juan 8:12-30 al resto de la clase.

Jesús les dice que como Él sabe de dónde viene y a dónde va, y como ellos no tienen ni idea, Él es la luz y ellos siguen en la oscuridad de sus pecados. Pero viene un tiempo en el que ellos verán "levantado al Hijo del hombre" (v. 28) y sabrán quién es.

- *¿A qué tiempo se refiere Jesús?*

- *¿Cómo reconocerá finalmente la gente quién es Él?*

APLICA LA PALABRA

1. Rendición de cuentas

Los pecados de "comisión" son los que cometemos cuando sabemos exactamente qué estamos haciendo: y que es malo. Los pecados de "omisión" son aquellos actos de justicia que debimos haber hecho pero que no hicimos. Ambos son pecaminosos y daremos cuentas de los dos. En Ezequiel 3:18 se registra una advertencia de parte de Dios: "adviértele de mi parte al malvado: 'Estás condenado a muerte'. Si tú no le hablas al malvado ni le haces ver su mala conducta, para que siga viviendo, ese malvado morirá por causa de su pecado pero yo te pediré cuentas de su muerte" (3:18). Al no advertir al pecador sobre el juicio de Dios quedamos atrapados en su condenación. Para permanecer fieles a Dios debemos hablar en contra de las maldades de nuestro mundo. Pero esto también revela el gran amor de Dios por el pecador. Es porque Dios se preocupa por los pecadores más arrogantes y despreciables que hace responsables de ellos a los que conocen su palabra.

Regresemos a la historia con la que iniciamos la lección. Juan necesitará de mucho valor para decir la verdad en la clase. Pero debe hacerlo, porque si no lo hace negará lo que cree y muchos entonces no descubrirán cómo su razonamiento es correcto (o no) basado en la comunidad de cristianos (su maestra y clase) por la que él es responsable. Aunque Juan estaba buscando la verdad, él sabía por su relación con su tío que la humillación y las crudas bromas no eran la respuesta. El discipulado en el camino y reconciliar al mundo tienen que ver con buscar la verdad, hacer preguntas, verbalizar nuestro entendimiento y descubrir quién es Dios y cómo quiere que amemos y vivamos.

La enseñanza de Jesús vino de parte de Dios. Se prueba que es verdad al buscar la voluntad de Dios.

- *¿Cómo sabemos qué enseñanzas vienen de parte de Dios hoy en día?*

- *¿En qué temas deberían los cristianos fijar una postura?*

- *¿Cuál es la manera más efectiva de comunicarlo a los no cristianos?*

2. El ejemplo de Jesús

En esta actividad los estudiantes deben buscar en las Escrituras el ejemplo de Jesús de cómo decir la verdad en un mundo de mentiras. Si el tiempo lo permite, divida a la clase en grupos para responder las preguntas y luego discutirlas en grupo.

Jesús sabía lo que era fijar una postura a favor de la verdad. Él no espera que hagamos algo que Él mismo no hizo. Y como somos sus seguidores debemos seguir su ejemplo. Los siguientes pasajes te ayudarán a ver cómo entendió Jesús la dificultad de decir la verdad. ¿Qué puedes aprender de cada uno?

1. *¿Por qué odia la gente a Jesús? (7:1-12)*

2. *¿Cómo puede la gente decir la verdad? (7:16-17)*

3. *Jesús enseña que la gente diga la verdad por dos razones. ¿Cuáles son? (7:16-28)*

4. *¿Cuál es la relación entre odio y maldad?*

5. *¿Cuál es la conexión entre la obediencia y el conocimiento de lo que es verdad?*

6. *¿Cómo nos lleva a comprometer la verdad nuestro deseo de amoldarnos a la sociedad?*

Lleve a sus alumnos a un entendimiento de que Jesús expuso la verdad sin importar cómo le respondía la gente; los llamó a la obediencia a pesar de sus objeciones intelectuales; y se comprometió a sí mismo a honrar a su Padre en lugar de honrar a los hombres.

VIVE LA PALABRA

Un pacto de verdad

Jesús recibió de su Padre celestial la fuerza que necesitaba para decir la verdad. Nosotros también recibimos nuestra fortaleza de Dios pero esa fuerza a menudo se nos da mediante la comunión en la iglesia. Desafortunadamente la comunión y compañerismo en muchas de nuestras iglesias se ha reducido a un refrigerio. Esa no es la comunión que caracterizaba a la Iglesia Primitiva. Nuestro compañerismo debería ser la comunión de compañeros que dicen la verdad y viven la verdad. Debemos tener compañerismo porque la tarea que Dios nos ha dado, individual y colectiva, es tan enorme que va más allá de las fuerzas de cualquiera de nosotros. Debemos orar unos por otros, rendirnos cuentas mutuamente, confesar nuestras faltas unos a otros y estimularnos unos a otros a las buenas obras.

"Pacto" es un concepto bíblico que es útil para entender cómo nuestro grupo puede hacer posible el compañerismo para los demás. Un pacto es una promesa entre dos partes que tiene la intención de llevar a una relación. Quiero que escribamos un pacto con Dios para ser fieles en decir la verdad y seguir la verdad. Este pacto debe ser una promesa hecha por nuestro grupo a cada uno de nosotros y como un todo para Dios, de que trabajaremos para alentarnos unos a otros en la obra importante a la que Jesús nos ha llamado a hacer.

Pida a los estudiantes de su clase trabajar juntos para escribir un pacto y luego que cada persona lo firme. Termine con una oración.

¿Falso o verdadero?

6

PASAJE DE ESTUDIO
Juan 8:31—9:41

VERSÍCULO CLAVE
"Si se mantienen fieles a mis enseñanzas serán realmente mis discípulos" (Juan 8:31).

OBJETIVOS DE ENSEÑANZA
Ayudar a los estudiantes a:

1. Entender que el pecado evita que la gente vea y practique lo verdadero.

2. Sentir que el verdadero cumplimiento sólo viene mediante la práctica de las enseñanzas de Jesús.

3. Comprometerse a conocer y practicar lo verdadero.

PERSPECTIVA
Tuve el privilegio de escuchar a M. Scott Peck [autor del éxito de librería The Road Less Traveled (El camino menos transitado)] en una iglesia en mi ciudad natal, Boston. A una iglesia llena con más de 2 mil personas, casi todos intelectuales, Peck les dijo que la maldad es una especie de "ignorancia militar". De acuerdo con Peck, la gente malvada resiste cualquier verdad que les lleve a tomar conciencia. En lugar de aceptar la verdad, la gente malvada busca destruirla y tentativamente, en el proceso también destruir a los que dicen la verdad. Para los malvados, la verdad es dolorosa y el cambio lo es aún más. Creen que el único alivio posible es la eliminación de la verdad.

Una juventud pecadora es común pero es raro encontrar a jóvenes genuinamente malvados, como los que se describen en el párrafo anterior. Por mucho, los jóvenes todavía están abiertos y son flexibles. Sin embargo, la lección que debemos aprender de este pensamiento de Peck (al que por cierto llegó mediante la reflexión de la Escritura que estamos estudiando) es que la maldad resiste a la verdad. Las historias de nuestro pasaje de estudio son un estudio de la psicología de la maldad. Si al leerlas usted y sus estudiantes rápidamente condenan a los judíos por su reacción hacia el Jesús veraz; tengan cuidado. Están a un pasito de cometer el mismo error. El mejor enfoque es permitir que las historias los lleven a despertar las conciencias sobre sus propias resistencias a la verdad para aprender a orar con el salmista:

Examíname, oh Dios, y sondea mi corazón, ponme a prueba y sondea mis pensamientos. Fíjate si voy por mal camino, y guíame por el camino eterno (139:23-24).

ANTECEDENTE BÍBLICO

La esencia de este pasaje dice, "Ustedes no son lo que creen que son y yo soy más de lo que ustedes creen que soy". La porción de la Escritura que estamos estudiando sigue con un material muy importante sobre el juicio y es claro que el tema continúa pero como veremos en la siguiente lección, el tema no es agotado.

El argumento de Jesús en el capítulo 8, versículos 31-47, consiste de tres propuestas interdependientes y una prueba. Las proposiciones son: ustedes no son libres (vv. 31-34); Abraham no es su padre (vv. 35-40); y su padre es el diablo (vv. 41-47). ¿Y la prueba? "¡Ustedes tratan de matarme!" (vv. 37, 40, y 44, paráfrasis del escritor). En el versículo 59, los judíos le hacen a Jesús el favor de confirmar todo lo que dice intentando matarlo.

1. USTEDES NO SON LIBRES (8:31-34)

En la sesión previa, se ve a Jesús dividiendo a los judíos en dos partes: los que creen en Él y los que no. Pero Jesús no queda satisfecho; luego procede a juzgar hasta a aquellos que dice la Escritura que creyeron en Él (v. 31). Y hace esto ofreciendo liberarlos.

Los judíos sumaron dos más dos y se dieron cuenta de que Jesús los había insultado. "¡Piensa que somos esclavos!" concluyeron. Negaron esto vehementemente ignorando su esclavitud en el imperio romano y su cautividad histórica tanto en Babilonia como en Egipto.

Pero la cautividad a la que Jesús se refería es diferente a la que los judíos debían haber confesado libremente. Es la cautividad del pecado. Si los judíos trataban de negar su pecaminosidad, Jesús la forzaría para sacarla a la luz.

2. USTEDES NO SON HIJOS DE ABRAHAM (8:35-40)

Los judíos defienden su libertad citando su ascendencia de Abraham. Hoy esto parece una defensa un tanto rara pero para Jesús era perfectamente legítima, aunque desde su perspectiva, era falsa. La identidad judía, como pueblo elegido de Dios, se basaba en el llamado de Dios a Abraham. Y los judíos eran de verdad descendientes biológicos de Abraham. Pero también lo eran los samaritanos y los edomitas. Jesús declara que los verdaderos hijos de Abraham hacen lo que Abraham hizo. ¿Y qué hizo? Obedeció a Dios. Por lo tanto, aunque los judíos eran los hijos físicos de Abraham, no lo eran espiritualmente. Con esto en mente, Jesús advierte a los judíos que ellos algún día serán echados fuera de la familia, porque actúan como esclavos y no como hijos (v. 35).

3. USTEDES SON HIJOS DEL DIABLO (8:41-59)

¿Entonces de quién son hijos los judíos? Jesús indica que su complot para matarlo es una pista. ¿Los descendientes de quién matan a los profetas? Del diablo. Caso cerrado.

Pero, ¿por qué los judíos querían matar a Jesús? Nota la referencia recurrente a la verdad del mensaje de Jesús y la incapacidad de los judíos para soportarla: los versículos 32, 37, 40, 43, 45, 51 y 55. Y recuerda las palabras de Jesús a sus hermanos en la sesión previa: "El mundo no tiene motivos para aborrecerlos; a mí, sin embargo, me aborrece porque yo testifico que sus obras son malas" (7:7). Al final del diálogo vemos que los judíos tratan de cumplir el deseo de su padre Satanás intentando apedrear a Jesús (v. 59) y por otro lado, Jesús plenamente se identifica con Dios con su confesión: "¡Yo soy!" (v. 58).

4. LA SANIDAD DEL CIEGO DE NACIMIENTO (9:1-41)

Esta sanidad es la número seis en la cuenta regresiva de las señales milagrosas. Juan nunca cita una sanidad sin usarla para decir algo. Las señales son registradas para ilustrar la naturaleza de la misión. Esta sanidad se une al material del capítulo 8.

Revisemos algunos de los puntos más importantes de la historia. Los discípulos preguntan, "Rabí, para que este hombre haya nacido ciego, ¿quién pecó, él o sus padres?" (v. 2). Jesús responde, "Ni él pecó ni sus padres… sino que esto sucedió para que la obra de Dios se hiciera evidente en sus vidas" (v. 3). Los discípulos buscaban alguien a quien culpar y Jesús buscaba darle la gloria a su Padre.

Después, Jesús dijo algo que suena muy familiar: "Mientras sea de día tenemos que llevar a cabo la obra del que me envió" (v. 4). ¿Dónde hemos escuchado esto antes? En el capítulo 5. Y lo escuchamos aquí por la misma razón. Es sábado y Jesús está a punto de sanar a alguien.

Los fariseos están furiosos porque Jesús sana y lo hace en sábado. El contraste de la ceguera del hombre con la incapacidad de la gente local de reconocerlo también es interesante; ¡el ciego no puede ver y los fariseos tampoco!

¿Pero qué significa todo esto? Las palabras de Jesús en el versículo 2 y en los versículos finales (35-41) muestran una conexión entre el pecado y la ceguera. El pecado ciega a la gente para hacer la obra de Dios. Los que dicen estar sin pecado están doblemente ciegos, mientras que los que confiesan su pecado son sanados. Jesús abre los ojos de aquellos que saben que están ciegos y ciega a los que dicen ver. Para los primeros, Jesús es la salvación de Dios; para los segundos, Jesús es Dios en un juzgado.

ACTIVIDADES DE LA SESIÓN

EMPÁPATE DE LA PALABRA

La era de los mártires no ha terminado

Esta actividad está diseñada para que los estudiantes tomen conciencia de que la gente todavía está muriendo a causa de su fe cristiana alrededor del mundo. El propósito es triple. Primero, la realidad de que la gente todavía muere por su fe debería ayudar a los jóvenes a poner sus propios sufrimientos por Cristo en perspectiva. Aunque crean que están pagando un precio muy alto por su fe es en realidad muy pequeño comparado con muchos que están pagando el precio más alto de todos.

Segundo, no deben pensar que los que están muriendo por su fe en Cristo son gente lejana que vive en un mundo con el que no se pueden relacionar. Anime a sus jóvenes a entender que estas personas son sus hermanos y hermanas en Cristo y es su deber apoyarlos.

Tercero, esta actividad debe ilustrar nuestro pasaje de la Escritura: la gente mala todavía reprime la verdad y los que dicen la verdad. Las tres preguntas ayudan a ver esto.

Si lees el Nuevo Testamento sabes que los primeros cristianos sufrieron por su fe en Jesús. Tanto Pedro como Pablo murieron a causa de sus predicaciones. Por los siguientes 400 años los cristianos fueron perseguidos por todo el imperio romano.

La era de los mártires no ha terminado. Se cree que más cristianos murieron por decir la verdad en el siglo XX que en todos los 19 siglos previos combinados y que las matanzas continúan aquí en el siglo XXI. La mayoría de estos asesinatos ocurren en África, Latinoamérica y Asia.

- *¿Por qué crees que la gente y los sistemas odian tanto la verdad?*

- *¿Se te ocurre algún ejemplo de cómo la maldad reprime a la verdad?*

- *¿Cómo responderías si no se te permitiera seguir la Verdad?*

EXPLORA LA PALABRA

1. PANORAMA (8:31--9:41)

Jesús, el hombre de arriba, ha traído la Palabra de Dios acá abajo y ha juzgado al mundo al intentar salvarlo. Para los que creen en Él, Él les da vida eterna pero para los que lo rechazan se condenan solos. En esta lección vemos a Jesús en medio del debate, desacreditando la creencia de los judíos de que eran los mayordomos de la palabra de Dios. Primero les dice que son esclavos, luego los llama hijos ilegítimos. Más adelante les dice que no tienen un entendimiento espiritual pero lo peor es que les dice que sirven al diablo y no al único y verdadero Dios.

Pida a varios miembros de la clase que se turnen para leer en voz alta Juan 8:31-9:41.

- *Describe el estado de ánimo que parece tener Jesús.*

- *¿Por qué crees que Jesús estaba tan decidido a minar la autoridad de los líderes religiosos judíos?*

- *Considerando los milagros que Jesús hizo y el poder de su enseñanza, ¿por qué los líderes judíos no aceptaron a Jesús como quien Él dijo ser?*

2. NO ERES LIBRE (8:31-34)

Pida a alguien que lea Juan 8:31-34.

Cuando era joven no entendía lo que era la verdadera libertad. Pensaba que la libertad era hacer lo que yo quería hacer. Sólo después entendí que es posible ser esclavo de tus pasiones. No sabía que hacer caso a las pasiones no es lo que libera a las personas. La verdadera libertad es la libertad de conocer y vivir en la verdad.

- *En los versículos 31 y 32, Jesús provee una poderosa fórmula para la libertad; ¿cuál es?*

- *Los judíos creían que la libertad era cuestión de genética. Como eran descendientes de un hombre libre ellos creían que eran libres. Describe la respuesta de Jesús en el versículo 34.*

- *¿Cómo nos hace libres el aferrarnos a las enseñanzas de Jesús? En otras palabras, ¿cómo nos hace libres el decidirnos a conocer sus palabras?*

3. USTEDES NO SON HIJOS DE ABRAHAM (8:35-40)

Pídale a alguien de su clase que lea Juan 8:35-40 en voz alta.

Hoy nos parece raro que los judíos apelaran a Abraham como prueba de su libertad. Pero a Jesús no le pareció raro, simplemente no creyó que fuera cierto. La esclavitud era con frecuencia un asunto familiar en los tiempos antiguos; los esclavos producían esclavos. Así que a los judíos, dando por descontada su esclavitud en Egipto, se veían a sí mismos como hombres libres. Pero Jesús no estaba hablando sobre esclavitud física. Estaba hablando sobre la esclavitud de una relación equivocada.

Los hijos biológicos se parecen a sus padres y también los hijos espirituales. Y con este argumento, Jesús habla contra la identificación de los judíos con Abraham (vv. 39 y 40). Abraham obedeció a Dios pero ellos no. Eso los hacía sus esclavos y no hijos.

- *Aunque las palabras de Jesús son duras, no son crueles. Aunque condena a los judíos les da una esperanza. ¿Cuál es la esperanza que les da?*

- *¿Qué dice Jesús a los judíos que sus planes para matarlo prueban?*

- *¿Por qué querían los judíos matar a Jesús?*

4. USTEDES SON HIJOS DEL DIABLO (8:41-58)

Pídale a alguien de la clase que lea en voz alta Juan 8:41-58.

¿Entonces, a quién se parecen los judíos? Jesús los enfrenta con sus acciones: ellos rechazaron la verdad y trataron de cometer asesinato. Estas acciones verdaderamente no parecen ser de Dios. ¿Al comportamiento de quién se parecen?

- *En el versículo 47, Jesús declara, "El que es de Dios escucha lo que Dios dice". Y lo contrario es también cierto, "El que es del diablo…" Termina la oración.*

- *¿Qué dice Jesús que da una pista de que Él es uno con el Padre?*

- *¿Qué tienen en común los versículos 37, 40, 43, y 45?*

5. USTEDES NO PUEDEN VER (9:1-41)

Esta es la sexta de siete señales milagrosas de Jesús registradas en el evangelio de Juan. Pero aunque es la sexta, también parece ser una repetición del milagro número tres, la sanidad en sábado del hombre paralítico allá en el capítulo cinco. Aunque la similitud es fuerte y muchos temas son los mismos, el propósito principal de esta historia es cerrar el caso de Jesús contra los líderes judíos y demostrar que no son aptos para dirigir al pueblo de Dios.

Lea Juan 9:1-41 en voz alta y mientras se lee este pasaje, pida a los miembros de la clase que escriban qué versículo hace referencia a la vista, ver o percibir.

- *La investigación de la sanidad provee un momento de diversión a expensas de los fariseos. ¿En qué forma prueba la investigación que los fariseos están ciegos?*

- *¿Por qué descalificaría este tipo de ceguera a alguien del liderazgo espiritual?*

- *Considerando las palabras de Jesús en los versículos 39 y 41, ¿cuál es la clave de la ceguera espiritual?*

APLICA LA PALABRA

1. ¿LUZ U OSCURIDAD?

Esta sencilla actividad pretende ayudar a los alumnos a tomar una postura sobre el pecado y la verdad. Aunque los temas son bien directos, no permita que los alumnos sencillamente apliquen la etiqueta apropiada: Luz u Oscuridad. Mejor vaya de tema en tema preguntándoles a los jóvenes que den sus respuestas y luego las justifiquen. Presione a los jóvenes para que presenten un apoyo (bíblico u otro) para defender sus posturas. Este ejercicio puede a menudo alentar a los alumnos a realizar el duro trabajo de pensar bien las posturas que toman. Pida que cada uno marque sus posturas individualmente y luego discutan en grupo, o simplemente trabajen en ellas en grupo.

En las Escrituras, la luz es la verdad de Dios y la oscuridad es el pecado de la humanidad. La luz y la vida van juntas porque Dios es el autor de ambas y no puede dividirse a sí mismo. Esto significa que el pecado, la falsedad y la muerte van juntas porque no son de Dios. Marquen donde crean que cada uno de los siguientes hechos pertenezca a la luz (L) o a la oscuridad (O).

___ 1. Cuidar de los pobres

___ 2. Hablar mal de gente que no está presente

___ 3. Decir la verdad

___ 4. Amar a tu prójimo

___ 5. Contar chistes groseros o de doble sentido

___ 6. Negarse a calumniar la reputación de alguien

___ 7. Gastar dinero en compras egoístas

___ 8. Alcanzar a alguien diferente a ti (barreras raciales/idioma)

___ 9. Matar a la gente

___ 10. Robar

___ 11. Honestidad en todo lo que haces

___ 12. Clonar embriones humanos para investigaciones científicas

___ 13. Abusar de tu cuerpo mediante drogas y sustancias tóxicas

___ 14. Hacer trampa con los impuestos

___ 15. Honrar a tus padres

___ 16. Cuidar de la creación de Dios

___ 17. Pasar tiempo con alguien que está solo

2. BUSCAR AYUDA PARA DECIR LA VERDAD

Esta actividad les ayuda a los jóvenes a pensar en aquellas personas en sus vidas que les apoyan en su vivir para Dios. ¿Quiénes son esas personas importantes en sus familias, su iglesia, su comunidad, y hasta en la escuela que pudieran ayudar? Usando las preguntas dadas discutan en grupo qué tanto dependemos de otros. Pase papel a los jóvenes y pídales que escriban las respuestas de manera individual antes de discutirlas en grupo.

Requiere de gran fortaleza y valor hacer lo correcto porque es muy fácil hacer lo que es malo. Para hacer lo correcto necesitamos ayuda. Somos demasiado débiles para hacerlo por cuenta propia. Todos necesitamos este tipo de ayuda. Es por eso que los amigos cristianos, la gente que cree que Jesús es el camino, la verdad y la vida, son tan importantes. ¿Quiénes son tus amigos? ¿Quiénes son las personas que te apoyan y ayudan a hacer lo correcto? (Si no tienes amigos así, ¡necesitas encontrarlos lo antes posible!) ¿A quién conoces que viva una vida cristiana y que te pueda ayudar?

- *Enlista a los amigos que te ayudan a vivir como cristiano.*

- *¿Cómo te apoyan?*

- *¿Tienes amigos que tiendan a hacerte bajar tus estándares y prácticas de vida?*

VIVE LA PALABRA

Dar ayuda

En esta sección final de la sesión, los alumnos son desafiados a pasar de ser receptores a dadores. Se les pide que escriban una oración por la gente a la que Dios ha llamado a decir y vivir la verdad en nuestro mundo. Primero se les pide que oren por sus amigos, luego por los líderes de su iglesia, luego por los líderes cristianos de nuestra nación y finalmente por los líderes cristianos de alrededor del mundo que se atreven a decir la verdad de Cristo. Use sus oraciones y preocupaciones para formar una oración final por todo su grupo y sus preocupaciones.

No sólo necesitan ayuda para decir la verdad sino que otros también necesitan su ayuda. Me gustaría que cada uno de nosotros escribiera una oración por las siguientes personas: nuestros amigos cristianos, los líderes de su iglesia, los líderes cristianos de nuestro país, los cristianos alrededor del mundo que se atreven a decir la verdad.

Termine con una oración.

El buen pastor

7

PASAJE DE ESTUDIO

Juan 10:1-42

VERSÍCULO CLAVE

"Yo soy el buen pastor, el buen pastor da su vida por las ovejas" (Juan 10:11).

OBJETIVOS DE ENSEÑANZA

Ayudar a los estudiantes a:

1. Entender que somos llamados a seguir a Jesús obedientemente, el Buen Pastor que da su vida por nosotros.

2. Desear seguir al Buen Pastor.

3. Comprometerse a ser seguidores obedientes del Buen Pastor.

PERSPECTIVA

En muchos lugares del mundo se ha visto el triunfo de la libertad sobre la obligación. La elección, en lugar de ser el medio para llegar a un fin, se ha vuelto el fin en sí. La libertad se ha visto reducida a mantener tus opiniones abiertas. Este es un empobrecimiento tonto. Se nos ha olvidado por qué queríamos ser libres en primer lugar.

Aunque la libertad de elección es central para nuestras creencias, las creencias cristianas enseñan que elegir a Dios es lo que en realidad importa. La fe Cristiana ni siquiera es un asunto de elegir a Cristo. Decirlo suena bien pero el énfasis está en el punto equivocado. La Biblia enseña que en lugar de elegir a Dios, Dios nos ha elegido en Cristo.

Decir las cosas de esta manera pone a mucha gente nerviosa. Es un asunto de control. Con este tipo de razonamiento, las opciones no son lo medular, la obediencia sí. Y este es precisamente el tipo de cambio en el corazón y la mente que debemos alentar en los jóvenes si queremos verlo vivir vidas verdaderamente cristianas en el mundo. Es un asunto de control—Jesús debe ser el Señor.

ANTECEDENTE BÍBLICO

El capítulo 10 trata sobre el juicio del pastor. La imagen es pastoril y para un judío que conocía bien su historia, lo llevaba a recordar al gran rey-pastor David.

1. EL BUEN PASTOR (10:1-18)

Jesús nos pinta un cuadro y luego hace algo que rara vez hace; en los versículos 7-18, nos lo interpreta. Los elementos de la historia son un redil de ovejas, algunos ladrones, una puerta, ovejas un portero, un pastor, la voz del pastor, unas ovejas confiables, un asalariado, un lobo y finalmente más ovejas. Todas las imágenes son comunes y les deben haber sido conocidas a la mayoría de los que escuchaban a Jesús. No era extraño para una comunidad tener un redil comunitario. Al final del día, todas las ovejas eran llevadas al redil y un portero, contratado por los pastores, vigilaba a las ovejas durante la noche. Cada mañana los pastores iba a llamar a sus ovejas, y al reconocer la voz de su amo, contentas trotaban hacia él.

¿Cuál es el significado? El redil de las ovejas es Israel. En esta historia, Jesús es tanto la Puerta (v. 7) como el Buen Pastor (vv. 11-14). Los que escuchan su voz son obedientes. Jesús llama a sus ovejas y ellas salen por la puerta y lo siguen. Pero, ¿a dónde lleva el Buen Pastor a sus ovejas y qué pasa con los que se quedan detrás?

Respondamos la segunda pregunta primero. En los versículos 1, 8, y 10, Jesús menciona ladrones y bandidos. Esos son los falsos maestros que fracasaron al pasar por la puerta. Por el versículo 7 sabemos que Jesús es la Puerta. Es por Él que la Palabra de Dios llega a las ovejas y mediante Él las ovejas salen del redil. El lobo es más mortal que los ladrones. Los ladrones y bandidos llegan antes que Jesús pero el lobo llega después de que las ovejas han sido guardadas. Este es el juicio de Dios sobre todos los que no siguen al Buen Pastor. Quedan abandonados con los líderes que ellos mismos han elegido. ¿Y cuál es el resultado? Cuando viene el lobo, los asalariados huyen y el rebaño se convierte en el almuerzo del lobo.

Aquí la narrativa de Jesús da un giro interesante: les informa a su audiencia de otra oveja. Les cuenta de su intención de ir y llamar a esta oveja también (v. 16). Si estás familiarizado con la teología mormona sabrás que los Santos de los Últimos Días usan este pasaje como prueba de la teología de que Jesús se apareció a los "hijos perdidos de Israel" ubicados en el continente americano. Aunque este es un tributo a la activa imaginación del fundador mormón José Smith, pierde de vista el objetivo. Jesús no está hablando de geografía, sino de herencia. El primer redil es Israel, las otras ovejas son los gentiles.

Y así el Buen Pastor se lleva a su oveja con Él y va de redil en redil llamando a los obedientes, a los que el Padre le ha dado. Aquí vemos a Jesús, quien mientras dure la historia de la humanidad, llama, salva y juzga dondequiera que vaya. Él es el amable Pastor del Antiguo Testamento y el Juez justo del Mateo 25.

El Buen Pastor: ¿jugando al rol del policía bueno y el policía malo?

Para los que conocen a Jesús pensar que Él es el Buen Pastor es reconfortante. Pero hay otro lado de la historia.

En Mateo 25:31-46, el Pastor aparece como el Juez justo quien separa a la humanidad, como el pastor separa a las ovejas de las cabras. Aquí tenemos la oportunidad de ver con un poco de más claridad la perspectiva de las cabras.

¿Habla la imagen de dos tipos de pastores o habla de dos tipos de ovejas? Jesús es la Luz de Dios y dependiendo de nuestras obras, o somos atraídos a la luz o somos repelidos por ella. Jesús no juega a ser el policía bueno y el malo.

2. LA DIVISIÓN DE LA GENTE (10:19-42)

En los versículos 22-30, los judíos le piden a Jesús que les diga abiertamente quién es Él y tratan de matarlo. (Debo admitir que si cada vez que les revelo mi identidad a la gente, ellos me tratan de matar, yo dudaría un poco volverlo a hacer). Pero Jesús no teme a la muerte; sólo espera el tiempo correcto para entregar su vida (v. 18).

Jesús presenta unos argumentos muy interesantes a su favor como Hijo. No te engañes creyendo que Jesús está diciendo que "aquellos" del versículo 35 y el "quien" del versículo 36 son los mismos, claramente no lo son. En el versículo 35 aquellos reciben la Palabra pero el "quien" del versículo 36 es, de hecho, la Palabra.

ACTIVIDADES DE LA SESIÓN

EMPÁPATE DE LA PALABRA

¿En quién vas a confiar?

Hay muchos sistemas de creencias entretejidos en las telas de nuestras sociedades. Cada fe en el mundo ve a tu área como un mercado abierto, listo para la expansión. El pensamiento de la Nueva Era es una de las innovaciones religiosas más recientes y tal vez la más dañina, considerando que no parece capaz de desarrollar instituciones que puedan sostenerse a la larga. Por los medios, los contactos con la escuela y gente que van de puerta en puerta como los mormones, los jóvenes están entrando en contacto con muchas creencias falsas y destructivas. Si no proveemos algún medio de dirección nuestros jóvenes quedarán vulnerables para ser convertidos por esas creencias.

Lean Proverbios 3:5-6 en voz alta y respondan las siguientes preguntas en grupo:

1. ¿Por qué es importante confiar en el Señor?

2. ¿Cómo debes confiar en el Señor?

3. ¿Cuál es la diferencia entre una fe ciega y una confianza basada en la fe y la esperanza?

EXPLORA LA PALABRA

1. PANORAMA (10:1-42)

El ministerio público de Jesús está cercano a su fin. Vino a mostrarnos y enseñarnos cómo vivir al máximo pero los judíos se condenaron a sí mismos porque no creyeron. En la sesión anterior fuimos testigos de cómo juzgó Jesús a las autoridades religiosas cuando sistemáticamente desaprobó su autocomprensión de que eran los mayordomos de Dios.

En el capítulo 10, Jesús ilustra la salvación mediante la comparación de un pastor y sus ovejas. Le edad de oro judía se inició con un pastor de nombre David. Los judíos anhelaban otro "David", un gran rey que restaurara el reino a Israel. Pero el tipo de pastor que Jesús describe no es el pastor que estaban esperando.

Lea el capítulo 10 en voz alta y mientras esté leyendo, pida a la clase que escriba algunas de las imágenes del Buen Pastor.

- *Al leer sobre el Buen Pastor, ¿en qué te ayudan las imágenes a entender lo que ha ocurrido hasta este punto en el evangelio de Juan?*

- *La imagen del Buen Pastor también nos lleva a algunos eventos que van a ocurrir. ¿Puedes nombrar algunos?*

2. VOCES (10:1-6)

Pida a alguien de la clase que lea Juan 10:1-6 en voz alta.

Jesús empieza con una imagen que debe haber sido conocida para los que le escuchaban. En aquellos días, las ciudades estaban más cerca de las granjas de lo que están hoy. Todos conocían a los pastores porque eran algo común.

También era común para los maestros usar a pastores y su trabajo como metáforas para la enseñanza religiosa. Aunque la imagen era tan cálida y consoladora para los judíos como para nosotros, tenía un poder mayor para ellos por su amor al rey-pastor, quien, como David establecería el reino de Dios en la tierra.

La historia de Jesús contiene un matiz de juicio contra la oveja que es totalmente nueva. La visión popular celebra a la feliz oveja y condena a los lobos. Esta representación describe a un pastor selectivo y un banquete para los lobos.

- *Jesús explica que Él ha venido al redil de Israel y ha llamado a las ovejas por sus nombres. ¿Qué es lo único que separa a las ovejas de Jesús de las que no le pertenecen?*

- *Jesús describe a los que vinieron antes que Él como "ladrones y bandidos". ¿De quiénes crees que está hablando?*

- *Jesús dice que sus ovejas no escucharán la voz de un extraño. ¿Cómo saben las ovejas la diferencia entre la voz del Pastor y las otras voces?*

3. EL BUEN PASTOR (10:7-13)

Pida a alguien que lea Juan 10:7-13 en voz alta a la clase.

La diferencia entre el Buen Pastor y el asalariado es el sacrificio que el pastor hace por las ovejas. Cuando viene el lobo, el asalariado deja su cayado y corre y deja a las ovejas para que se las coman. Pero el Buen Pastor da su propia vida para que las ovejas puedan vivir.

- *Cuando Jesús habla del Buen Pastor está hablando de sí mismo (v. 11) pero, ¿quiénes son los asalariados?*

- *Jesús habla de un lobo que viene. No es cuestión de "si" sino de "cuándo". Jesús está sacando a sus ovejas del redil y dejándolas al cuidado del asalariado. Como vemos en los versículos 12 y 13, parece que serán un festín para el lobo. ¿Por qué las deja Jesús?*

- *Saltándonos al versículo 17, Jesús dice que la razón por la que el Padre ama al Hijo es porque Él da su vida por las ovejas. Por eso es que el padre ha tomado a sus ovejas de las manos de los asalariados y se las ha dado al Buen Pastor. Cuando Jesús habla de poner su vida por sus ovejas, ¿de qué está hablando?*

- *¿Por qué trabajan los asalariados cuidando las ovejas?*

- *Llamamos "pastores" a los líderes espirituales porque supuestamente deben ser como Jesús, el Buen Pastor. Usemos este pasaje de la Escritura como guía y escriban una descripción de trabajo de un pastor.*

4. Otro Pastor (10:14-21)

Pídale a alguien que lea Juan 10:14-21 en voz alta a la clase.

- *Jesús hace referencia a las dimensiones universales de su misión cuando dice, "Tengo otras ovejas que no son de este redil" (v. 16). ¿De cuáles "otras ovejas" está hablando?*

- *Aquí vemos el mandato misionero de Jesús. Su visión es ir a todas las naciones del mundo, llamar a sus ovejas y hacer de ellas un solo rebaño. Esta es una tarea enorme porque hay muchos rediles.*

5. El Padre y yo somos uno (10:22-42)

Términos/personas que debemos conocer

- *Río Jordán (Juan 10:40) – El Río Jordán es el único cuerpo de agua que fluye en Palestina. Fluyendo de norte a sur, el río llega al Mar de Galilea, del cual proviene y finalmente entra al Mar Muerto.*

Pida a alguien que lea Juan 10:22-42 en voz alta a la clase.

Aquí tenemos un lenguaje figurado convertido en realidad, del Buen Pastor dando su vida por las ovejas. Los que no creen en Él son las ovejas que se quedan.

Los judíos demandan que Jesús les diga llanamente si es el Cristo. Lo hace en el versículo 30 y por esto rápidamente tratan de matarlo. (No sé si estaría dispuesto a decirle a la gente quién soy yo, si cada vez que lo hiciera trataran de matarme). Jesús apela a sus milagros como una defensa (v. 31) pero los judíos rechazan esta defensa porque no son sus ovejas (v. 26).

- *En los versículos 27 y 28, Jesús hace dos promesas a los que lo siguen. ¿Cuáles son?*

- *A lo largo del evangelio de Juan, Jesús ha enfatizado su conexión con el Padre pero ahora lo dice claramente con las palabras, "El Padre y yo somos uno" (v. 30). Basado en lo que has estudiado de Juan hasta ahora, ¿qué quiere decir con esto?*

- *En los versículos 34 al 38, Jesús presenta varios argumentos para defender sus afirmaciones. ¿Cuáles son?*

¿TODOS SOMOS DIOSES?

"Yo he dicho que ustedes son dioses" (Juan 10:34). Jesús cita Salmos 82:6 para defender su afirmación de que es el Hijo de Dios. El argumento de Jesús funciona, si Dios los ha llamado "dioses" porque recibieron la palabra de Dios, ¿no debería esto aplicarse más a "Aquel a quien el Padre apartó como suyo y envió al mundo"? Esta es una porción capciosa para interpretar. ¿Qué quiso decir Jesús? ¿Todos son "dioses"? La clave del misterio es el rol de la Palabra de Dios. Para llamar a los que fueron considerados para ser el pueblo de Dios y que obedecen, la palabra "dioses" es una forma de expresar que ellos, no nosotros, son hijos de Dios. Al recibir la Palabra de Dios ellos se hicieron como dios. Es sencillo. ¿Así que Jesús está diciendo que es sólo otro siervo obediente de la Palabra pero no Dios? Sí y no. Sí es obediente. Pero no, no sólo recibe la Palabra: Él es la Palabra, Él pertenece a Dios y Él es Dios.

APLICA LA PALABRA

1. El Buen Pastor

Este ejercicio requiere que los alumnos actúen en pequeños dramas creados por ellos donde describan los tres tipos de líderes religiosos descritos por Jesús en su historia del Buen Pastor. El proceso ayudará a los alumnos a entender tres tipos básicos de líderes espirituales. Los primeros son aquellos que roban al rebaño de Dios para sus propias ambiciones. El segundo tipo son aquellos líderes que están ahí por el dinero. El tipo final es el buen pastor que pone su vida para salvar las vidas de las ovejas. Este último tipo es el líder espiritual que recibe la autorización de Dios para guiar a su gente. Use las preguntas con el ejercicio para ayudar a los alumnos a entender los tipos básicos de líderes y ayudarles a entender que Jesús es el Buen Pastor. Él es el único digno de toda su confianza porque es el único que ha puesto su vida por ellos. Divida a la clase en grupos de

3-4 y pídales que trabajen en los dramas juntos y luego junte a los grupos pequeños al final para discutir sus respuestas.

Creemos que vivimos en un mundo donde nuevas religiones parecen iniciar cada día. ¿Cómo sabemos que eso es cierto? ¿Cómo sabemos en quién confiar? Jesús dijo que era el "Buen Pastor" porque era digno de confianza. Lea la imagen hecha con la parábola del Buen pastor y responda las siguientes preguntas para ver en quien confiar y en quien no.

Jesús habla de tres tipos de líderes espirituales. Lee sobre ellos en los siguientes versículos y escribe un breve drama que los describa:

"Ladrones y bandidos" (vv. 8 y 10)

"El asalariado" (vv. 12 y 13)

"El Buen Pastor (vv. 7-18)

2. CONFIANDO EN JESÚS

Esta actividad llama a sus estudiantes a transcribir el Salmo 23 en un lenguaje contemporáneo. Su intención es ayudar a sus estudiantes a visualizar lo que significa confiar en el Buen Pastor, Jesús. Pida a sus estudiantes que compartan sus paráfrasis y expliquen por qué interpretaron el salmo de esa forma.

¿Qué significa confiar y seguir a Jesús, el Buen Pastor? Lean el Salmo 23. Ahora parafraseen o reescriban este salmo en un lenguaje contemporáneo. Piensen sobre sus vidas y traduzcan este Salmo en sus propias experiencias.

VIVE LA PALABRA

Entrevista a un buen pastor moderno

Los pastores llevan el trabajo de Jesús en nuestro mundo llamando a las ovejas y formando un rebaño. Debemos confiar en nuestros pastores en un segundo plano aunque confiemos en Jesús en un primer plano. De la misma manera, se espera que el pastor ponga su vida por las ovejas así como Jesús puso su vida.

En esta sección, se les instruye a los jóvenes que entrevisten a sus pastores. Invítelo (a) a esta parte de la reunión de su grupo.

Llamamos "pastores" a los predicadores y ministros; lo que literalmente significa eso: pastor, porque cumplen con el llamado de Jesús. Ellos llevan a cabo el trabajo de Jesús al reunir y dirigir al pueblo de Dios. Por esto tienen una perspectiva única: son llamados a ver a la gente como Jesús los ve y amarlos. Usemos las siguientes preguntas para ayudarnos en la entrevista con nuestro pastor.

1. *Pastor, ¿en qué manera es su trabajo parecido al trabajo de un pastor de ovejas?*

2. *Llamamos a Jesús el "Buen Pastor"; ¿qué significa esto para su ministerio?*

3. *¿Cuáles son las cosas más difíciles que debe hacer como pastor?*

4. *¿Cuál es la parte más satisfactoria de ser pastor?*

5. *Si pudiera darle un consejo a alguien que recién empieza como pastor, ¿cuál sería su consejo?*

6. *¿Por qué es usted pastor?*

Si su pastor puede asistir a la reunión, pídale que termine en oración.

Vida y muerte

8

PASAJE DE ESTUDIO

Juan 11:1—12:50

VERSÍCULO CLAVE

"Yo soy la resurrección y la vida, el que cree en mí vivirá, aunque muera; y todo el que vive y cree en mí no morirá jamás" (Juan 11:25-26).

OBJETIVOS DE ENSEÑANZA:

Ayudar a los estudiantes a:

1. Entender que la vida eterna viene sólo mediante Cristo.

2. Sentir la urgencia de aceptar la vida mediante Cristo.

3. Comprometer o re-comprometer sus vidas con Cristo.

PERSPECTIVA

La muerte siempre nos espera. Algunas veces nos animamos con bromas pero usualmente sencillamente la negamos. ¿Somos diferentes en la iglesia? ¿Dependemos de los recursos de nuestra fe que nos permiten enfrentar la muerte confiadamente? Las promesas de la Biblia no están ahí para protegernos de la realidad de la muerte. Se nos dan para proveernos la esperanza y fe que necesitamos para enfrentarla. Y más que nada, la Escritura nos lleva hacia Aquel que enfrentó la muerte y triunfó sobre ella.

A menudo fracasamos al hablar sobre la muerte porque tememos que el tema sea demasiado poderoso. Con el incremento en números de los suicidios de adolescentes, la gente que se preocupa por los jóvenes no les quiere dar una idea equivocada que puedan imitar. Pero con los índices de muertes entre los jóvenes, ya sea por suicidio, accidentes relacionados con el alcohol, violencia en las pandillas o SIDA, la muerte está en las mentes de los jóvenes sin importar las inhibiciones. Los jóvenes quieren hablar sobre la muerte y están dispuestos a hacerlo si la atmósfera es la correcta. Debemos crear una atmósfera en la que los jóvenes sepan que sus temores son normales y está bien tener dudas. Y no tenemos que sentirnos intimidados por tratar este tema porque si hay un tema en el que los cristianos tienen la última palabra es la muerte.

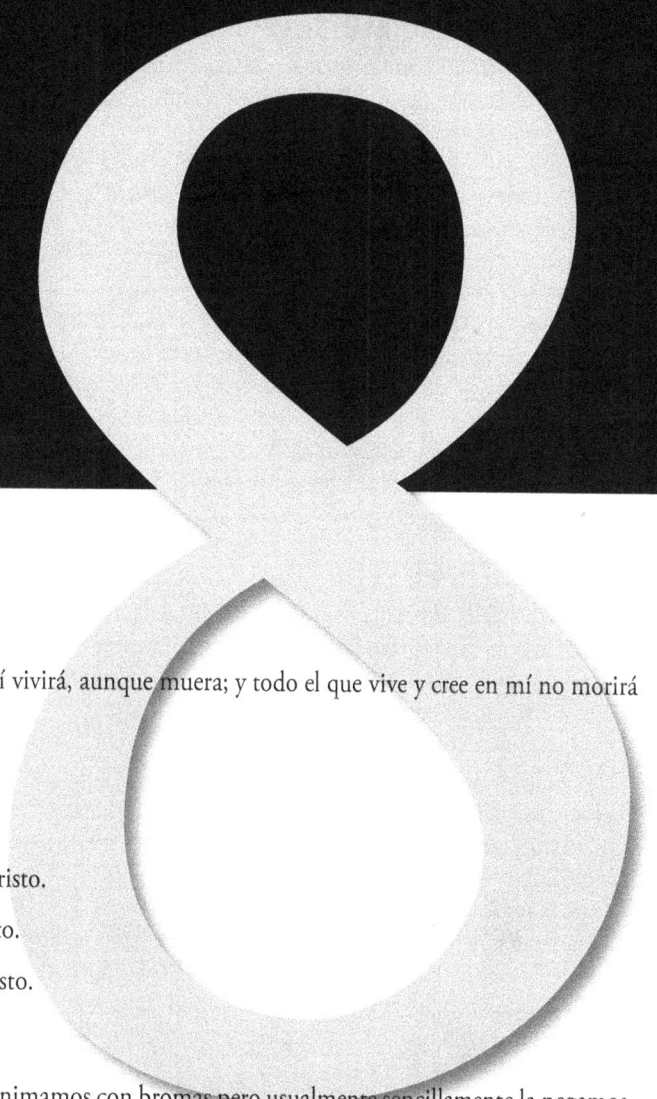

ANTECEDENTE BÍBLICO

Iniciando en el capítulo 1, la luz ha sido la principal metáfora usada para describir la naturaleza del ministerio de Jesús. Periódicamente Juan reintroduce esta imagen para recordarnos que Jesús es el poder iluminador de Dios. Los que son testigos de su luz y creen, no hay oscuridad en ellos; pero los que aman la oscuridad no pueden soportar su luz porque lo que revela es demasiado horrible para soportarlo. En el primer caso, la luz de Dios lleva el testimonio en sí mismo, la luz ilumina la oscuridad y revela lo que hay en ella. Y este es el testimonio de la luz: la luz equivale a la vida y la oscuridad equivale a la muerte. Los capítulos 11 y 12 muestran a los principales personajes de la narrativa de Juan por lo que esencialmente son. Jesús es la Resurrección y la Vida, y los líderes judíos son agentes de la muerte.

1. VIDA (11:1-44)

El capítulo 11 empieza como una palabra enviada a Jesús, "Señor, tu amigo querido está enfermo". Después Él espera un par de días hasta que está seguro de que Lázaro está muerto. Luego anuncia a sus discípulos, "Nuestro amigo Lázaro duerme; pero voy para despertarlo".

Jesús llega a la escena y es recibido por Marta. Tímidamente lo regaña por su lenta respuesta a la crisis. Pero Jesús le dice que Lázaro se levantará de nuevo. Marta, como buena judía, le da la respuesta ortodoxa, "Yo sé que resucitará en la resurrección, en el día final". Jesús, el amo de la enseñanza del momento, ve su oportunidad para enseñarle. Le dice, "Yo soy la resurrección y la vida. El que cree en mí vivirá aunque muera". Luego María llega con un grupo de gente y el escenario queda listo para el mayor de los milagros de Jesús.

La descripción del evento es corta y directa. En los versículos 43 y 44, Jesús resucita a Lázaro de los muertos. Aunque el milagro es impresionante, no lo es simplemente porque sea difícil de lograr. Todos los milagros son difíciles de lograr. Eso es lo que los hace milagrosos. La grandeza de un milagro no se mide por el grado de dificultad, como si Jesús fuera un tipo de clavadista olímpico actuando ante una audiencia. La grandeza de un milagro se mide por qué tan plenamente expresa el carácter de Dios.

2. MUERTE (11:45-12:50)

Inevitablemente, algunos creen en Jesús, mientras otros informan a los líderes judíos lo que han visto. Aunque su plan de acción es predecible, hay algunos puntos interesantes qué notar. Por primera vez vemos lo que está en verdad incomodando a los fariseos (v. 48). Temen que Jesús vaya a provocar una rebelión y Roma aplaste a Israel bajo sus pies. La gente común puede creer en la retribución divina pero no el Sanedrín. Estos hombres son un grupo astuto. Como la mayoría de los políticos son hábiles para arreglar su propia sobrevivencia. Preferirían estar pescando en un pequeño lago que arriesgarlo todo con un maestro viajero de Galilea.

El segundo aspecto de interés es la profecía de Caifás (vv. 49-52). Es un ejemplo clásico de ironía porque Caifás no tenía idea de qué tan ciertas eran sus palabras.

En el capítulo 2, versículos 1-11, María unge a Jesús para su sepultura. Después sigue la entrada triunfal que, considerando el contexto parece casi una parodia. Pero no lo es. Porque por la muerte de Jesús, el reino de Dios conquistó al reino de este mundo (vv. 31-32). Y con ello el nombre de Dios es glorificado, como lo testifica la palabra que viene del cielo (v. 28).

En los versículos 20-50, Jesús concluye su ministerio público. Cuando unos griegos se acercan a Jesús (v. 20), Él lo toma como una señal de que su tiempo entre los judíos ha llegado a su fin. Sus comentarios finales empiezan con la pista de que a sus seguidores se les pediría que siguieran el camino que Él les había mostrado: "Quien quiera servirme debe seguirme; y donde yo esté, allí también estará mi siervo". Luego les advierte a los que lo escuchan que la luz está a punto de extinguirse y que mejor se apresuren a creer (vv. 35-36). Después de algunos comentarios de Juan sobre cómo hasta la incredulidad de los judíos sirvió para dar testimonio de la veracidad de Dios con el cumplimiento de la profecía, Jesús resume su mensaje (vv. 44-50).

Ahora entramos al círculo íntimo de Cristo y sus discípulos y somos testigos de su ministerio entre ellos la noche final de su vida terrenal.

ACTIVIDADES DE LA SESIÓN

EMPÁPATE DE LA PALABRA

Muerte

En esta actividad, se les pedirá a sus jóvenes que reflexionen sobre la muerte de alguien cercano a ellos. Admitimos que este es un tema pesado y que probablemente será difícil. Empiece este tiempo compartiendo sobre la muerte y su significado en términos generales, luego pase a lo específico. Pregunte si hay jóvenes que quisieran compartir sus propias experiencias sobre la muerte de un ser querido. Conforme compartan los jóvenes, pídales que describan brevemente las circunstancias que rodean a los fallecimientos que han experimentado y pídales también que compartan cómo les afectaron esas experiencias y cómo cambiaron su propio entendimiento sobre la vida y la muerte.

Los psicólogos nos dicen que es imposible imaginar nuestra propia muerte. Esto es porque yace fuera de la esfera de nuestra experiencia. Pero antes de que hayamos vivido mucho en este mundo sabremos de la muerte de alguien. Ese alguien puede ser una persona lejana, como un pariente que vive en otra parte del mundo, o alguien cercano, como un amigo o uno de nuestros padres. Así que ya sea que imaginemos nuestra propia muerte o no, todos sabemos que la muerte es real y en lo profundo de nuestras mentes sabemos que tarde o temprano todos moriremos.

- *¿Recuerdas cuando te dieron la noticia del fallecimiento de alguien? Si puedes, describe tus sentimientos y cómo lo superaste.*

- *¿Cómo te han afectado estas experiencias y cómo han cambiado tu entendimiento de la vida y la muerte?*

EXPLORA LA PALABRA

1. PANORAMA (11:1—12:50)

Desde el inicio, Jesús ha prometido la vida eterna a aquellos que creen en Él. Esta es una súper promesa porque significa nueva vida en el presente y también una vida después de la muerte. La muerte nos espera a todos ya que todos moriremos, tarde o temprano. Sin embargo, no siempre fue así. La historia del jardín del Edén muestra que la muerte no fue idea de Dios. Es la consecuencia de una relación rota con Dios.

La resurrección de Lázaro es el pivote en la historia del evangelio. La tensión entre Jesús y los dirigentes judíos ha ido creciendo y las apuestas en su contra eran cada vez más altas. Toda la nación judía parecía estar al filo de sus asientos esperando el siguiente movimiento. La resurrección de Lázaro fuerza a los judíos a la acción. Jesús muestra que puede cumplir su promesa levantando a un hombre de la muerte. ¿Y los líderes judíos? Bueno, digamos que prueban que pueden matar.

- *La muerte nos llegará a todos; ¿de qué maneras trata la gente con la muerte?*

- *Las diferentes religiones tienen diferentes ideas sobre la muerte y su significado; ¿qué creen los cristianos sobre la muerte?*

- *Debido al aumento del suicidio entre adolescentes pareciera que más y más jóvenes ven a la muerte como si fuera mejor que la vida. ¿Por qué?*

2. UN AMIGO AMADO (11:1-16)

Términos/personas que debemos conocer

- *Tomás (Juan 11:16) – Conocido como Dídimo ("el gemelo"), Tomás es conocido tanto como un pilar de fortaleza entre los primeros discípulos como por su duda inicial para creer que Cristo había resucitado de la muerte.*

Pida a alguien que lea en voz alta Juan 11:1-16 a la clase.

La resurrección de Lázaro fue la coronación de las señales del ministerio de Jesús. Fue una prueba de que Jesús podía cumplir sus promesas. No fue su mayor señal y aun así todas sus señales fueron más allá de lo que el poder humano podía hacer. Las señales no se juzgan según su grado de dificultad como si Jesús fuera un atleta olímpico actuando ante una multitud. Las señales se miden según qué tan bien expresan el propósito y el trabajo de Dios. Y ninguna de las señales de Jesús expresó de mejor manera y tan llanamente la misión de Jesucristo que la resurrección de Lázaro. Es por esto que es la séptima señal y por lo que se le ha reservado para el final.

- *El versículo 5 nos dice que Jesús amaba a Lázaro pero el versículo 6 dice que Jesús se esperó "dos días más" antes de ir con él. ¿Por qué crees que Jesús se esperó?*

- *En el versículo 4 Jesús dice, "Esta enfermedad no terminará en muerte. Sino que es para la gloria de Dios para que por ella el Hijo de Dios sea glorificado". Esto te va a sonar familiar. ¿Cuándo dijo Jesús algo parecido a esto antes?*

- *Los versículos 14 y 15 revelan los propósitos de Jesús. ¿Cuáles eran?*

3. CUMPLIR UNA PROMESA (11:17-44)

Pídale a alguien de su clase que lea Juan 11:17-44 en voz alta a la clase.

Debemos confiar en alguien. Simplemente no podemos hacerlo todo solos. Confiar en la gente significa que nos ponemos bajo su cuidado. ¿Qué hace que una persona sea confiable? Si alguien hace una promesa sólo para romperla, ¿le creeremos después? Desde luego que no. A lo largo del evangelio de Juan, Jesús ya estado pidiéndole a la gente que crea en Él y en sus promesas de vida eterna. El tiempo ha llegado para que Jesús mostrara que tenía el poder de hacer lo que había prometido hacer.

- *¿Por qué tiene sentido confiar tu vida en alguien que tiene poder sobre la muerte?*

- *Al leer la historia puedes ver que la señal tiene todos los elementos de un espectáculo mayor. ¿Por qué tuvo este milagro el potencial de ser escuchado por toda la región?*

- *En el versículo 26, Jesús le pide a Martha una confesión de fe antes de resucitar a Lázaro. ¿Por qué crees que hizo eso?*

- *El versículo 35, el más corto en la Biblia dice, "Jesús lloró". ¿Por qué lloró Jesús cuando sabía que en minutos Lázaro iba a resucitar de los muertos?*

- *Mucha gente cree que la muerte es el fin de la historia de nuestras vidas. Aprendemos de esta historia que los que creen en Jesús anhelan la Vida Eterna. ¿Cómo debe influenciarnos esta realidad?*

4. LA SENTENCIA DE MUERTE (11:45-12:19)

Términos/personas que debemos conocer

- *Sanedrín (Juan 11:47) – El nombre dado a la más alta asamblea judía de asuntos de gobierno en los días de Cristo, compuesta por el jefe los sacerdotes, los ancianos y los maestros de la ley.*

Durante el dominio romano, la autoridad del Sanedrín era más o menos restringida.

- *Hija de Sión (Juan 12:15) - "Sión" mismo tenía tres significados: 1) la ciudad de Jerusalén como un todo, 2) la nación judía, 3) el cielo. Estudia el pasaje del Antiguo Testamento (Zacarías 9:9) del cual se toma esto y parece que se usa el primer punto de vista, porque "hija de Sión" se refiere a los habitantes de Jerusalén. Estaban a punto de ser testigos de la entrada triunfal a la ciudad.*

Pídale a un miembro de la clase que lea Juan 11:45-12:19 en voz alta.

Al resucitar a Lázaro de la muerte, Jesús reveló totalmente su continuidad con el Padre. Ahora los líderes judíos revelaban lo que estaba en ellos. La maldad había estado siempre ahí pero se requirió de la persistencia de Jesús para sacarla. Y como Jesús había sido su principal crítico, ahora iba a sentir lo duro de su ira.

- *En el versículo 48, los líderes revelan lo que realmente los está molestando. ¿Por qué le temen a Jesús?*

- *Los versículos 49 al 52 registran la profecía de Caifás el sumo sacerdote. Claramente Caifás no sabía lo que estaba diciendo. La profecía podía ser interpretada de dos maneras. ¿Qué crees que quiso decir Caifás y qué crees que significó realmente la profecía?*

- *¿Qué nos enseña la profecía de Caifás sobre la soberanía de Dios?*

- *Jesús esperó la Pascua para permitir a los judíos que lo agarraran. (¿Recuerdas el significado de la Pascua desde la alimentación de los 5 mil?) María unge a Jesús para su sepultura en el versículo 3. ¿Cómo sabemos que esto es lo que significó la unción?*

- *El versículo 8 es tal vez el versículo del que más se ha abusado en la Biblia. A menudo es usado por cristianos egoístas para escapar de sus responsabilidades de cuidar de los pobres. ¿Por qué es esto un abuso de este pasaje? (El objetivo de este pasaje no es que justifiquemos el ignorar a los pobres. Sí, los pobres siempre estarán presentes: pero eso significa que tenemos una oportunidad continua para ministrarlos. Pero Jesús sólo morirá una vez. Consecuentemente, como ya ha muerto, no tenemos disculpa. No tenemos nada que nos distraiga de la obra santa de dar a otros menos afortunados que nosotros).*

5. Jesús concluye su ministerio público (12:20-50)

Términos/personas que debemos conocer

- *Isaías (Juan 12:38) – Este profeta del Antiguo Testamento estaba activo durante el reinado de cuatro reyes de Israel. Isaías es conocido particularmente por su mensaje de redención y con frecuencia sobresale por su énfasis en la salvación (su nombre significa "Salvación de Jehová") y en el Mesías prometido.*

Pida a alguien que lea Juan 12:20-50 en voz alta a la clase.

El ministerio público de Jesús llegó a su fin. En el versículo 23 lo resume así: "Ha llegado la hora en que el Hijo del hombre sea glorificado". Luego les dice a los que lo escucharon decir que el tiempo estaba por acabarse: "Ustedes van a tener la luz sólo un poco más de tiempo" (V. 35).

- *Esta es la clase de botánica. En el versículo 24, Jesús dice que la muerte de una semilla produce mucho fruto. Cuando dice que una semilla "muere" está hablando figuradamente de plantar una semilla en la tierra. Cuando esto ocurre, una planta surge del suelo y esa planta produce aún más semillas. ¿Cómo es la muerte de Jesús parecida a la muerte de una semilla?*

- *Jesús indica que su muerte glorificará a Dios (vv. 27-28). Recuerda que glorificar significa "brillar" o "irradiar". ¿Cómo alabará a Dios su muerte?*

- *Los versículos 47 y 48 explican el método de Jesús para juzgar. En tus propias palabras explica lo que crees que quiso decir.*

- *Finalmente Jesús explica una última vez que sus palabras no son suyas. ¿De quién son y por qué debemos creerlas?*

APLICA LA PALABRA

1. Duelo

Use este tiempo con el grupo para discutir el rol del duelo en la vida cristiana. Hable sobre cómo debe ser el duelo de los cristianos y cómo el duelo puede ser parte de nuestros ministerios para otros identificándonos con sus sufrimientos. A continuación hay algunas preguntas.

Jesús tomó la muerte con seriedad. Todo el objetivo de su ministerio era derrotar a la muerte. Y sabía que su Padre le permitiría hacerlo. Aun así, justo antes de resucitar a Lázaro, el escritor nos dice que "Jesús lloró" (11:35). Me da gusto que Jesús llorara. De toda la gente que estaba en la tumba, Jesús pudo haber tenido una sonrisa en su rostro porque sabía lo que estaba a punto de suceder. Pero lloró. Y sus lágrimas no sólo eran para lucirse; era lágrimas verdaderas de un dolor real.

1. *¿Cómo nos ayuda el dolor de Jesús a entender nuestro propio dolor? (El dolor de Jesús hace legítimo el dolor y lo pone en perspectiva. Como Jesús sintió dolor, nosotros podemos sentir dolor. Su llanto nos enseña que está bien llorar por los seres amados que mueren).*

2. *Jesús consoló a Marta y a María. ¿Qué deben hacer los cristianos por aquellos que se duelen, considerando el ejemplo de Jesús?*

2. Esperanza

Para los cristianos la muerte y el dolor no son finales. La vida y el gozo lo son. Regrese a la historia de Lázaro con sus estudiantes y desafíelos a hacer algo difícil pensando cómo el poder de la Resurrección cambia la forma en que los cristianos viven en el mundo.

La historia de Jesús es una historia de Esperanza. A lo largo de su evangelio, Juan cita a Jesús una y otra vez ofreciendo esperanza a aquellos que están atrapados en la desesperanza. Jesús lo hace prometiendo Vida Eterna a todos lo que creen en Él. Cuando Jesús resucitó a Lázaro de la muerte probó que podía cumplir su promesa. Con un Salvador como este nunca debemos desesperarnos porque sabemos que no importa que tan mal se pongan las cosas, ¡la esperanza siempre triunfará! Ahora reflexionemos seriamente. ¿Cómo nos ayuda nuestra esperaza que tenemos en Jesús cuando…

1. *. . . perdemos a alguien que amamos?*

2. *. . . nuestro mundo parece que se derrumba?*

3. ... todas las noticias que recibimos son malas?

4. ... nuestros amigos, familia y hasta otros cristianos se vuelven cínicos y hasta negativos sobre todo?

VIVE LA PALABRA

Gozo

Con nuestra esperanza tenemos un gozo irreprimible. Es un gozo que, aunque respeta la muerte, sabe que la muerte no es el final de la historia. Nuestro gozo no está basado en las circunstancias sino en Jesús. Es importante darse cuenta de que el gozo de la vida eterna empieza ahora y no después de la muerte. Dios quiere que nosotros disfrutemos la vida y que lo hagamos al máximo. Con frecuencia vivimos nuestras vidas con culpa, temor y legalismo cuando Dios quiere que recorramos el camino con gozo, sabiendo que vivimos y habitamos en su verdad y gracia.

- Enlista(o menciona) cinco cosas que hayas hecho que te hayan traído gozo y que también le hayan dado gozo a Dios.

- El gozo es contagioso. Enlista (o menciona) a cinco personas a quienes quieras contagiar con el gozo que viene del Señor y escribe una breve oración para cada una de ellas.

Algunas veces sólo puedes encontrar la expresión en una canción. Tal vez por eso los ángeles siempre parecen estar cantando en el cielo. Para concluir este momento cantemos un cántico de gozo.

ELIJA UN CANTO QUE HABLE DEL GOZO DEL SEÑOR Y QUE SUS JÓVENES CONOZCAN.

Termine con una oración.

El viaje del yo a nosotros

PASAJE DE ESTUDIO

Juan 13:1—14:31

VERSÍCULO CLAVE

"Si me aman obedecerán mis mandamientos" (Juan 14:15).

OBJETIVOS DE ENSEÑANZA

Ayudar a los estudiantes a:

1. Descubrir que los seguidores de Jesús deben ser una comunión de siervos.

2. Comprender la importancia de imitar el servicio de Jesús para con otros.

3. Comprometerse a la unidad dentro del Cuerpo de Cristo y a las obras de amor y obediencia.

PERSPECTIVA

Mucha gente hoy vive para sí misma y entiende sus acciones como un asunto personal: así que "déjame solo". Esta marca radical de individualismo se opone al evangelio. En el evangelio, los pronombres comunes no son "yo" y "mi" sino "ustedes" y "nosotros".

Tendemos a definir nuestras palabras mezquinas por nuestras pasiones mezquinas y perseguimos a todo el que se atreva a decirnos cómo vivir a menos que estén de acuerdo con nuestros intereses mezquinos. Nuestro lema es, "Yo tengo que ser yo" y nuestro coro lema es "A mi manera" Cuando Jesús dice, "El que se apega a su vida la pierde; en cambio, el que aborrece su vida en este mundo, la conserva para la vida eterna" (Juan 12:25), a la mayoría de nosotros nos suena más a una amenaza que a una promesa.

La incapacidad para hablar en términos más amplios que sólo lo individual ha dañado severamente la expresión del evangelio en el mundo moderno. Hemos inventado un lenguaje bíblico como "¿Has aceptado a Jesús como tu Salvador personal?" Muéstreme una sola parte en las Escrituras donde la palabra personal se haya insertado como adjetivo de "Salvador". ¿Qué hay de malo en añadir una palabrita para aclarar el asunto? Aparte del hecho de que nadie toma las Escrituras en serio si las enmendamos un poquito, la palabra "personal" sólo oscurece el significado de la salvación y lo explica muy poco. La salvación es más grande que yo, es hasta más grande que la Iglesia porque Jesús es la plenitud de la salvación de Dios y de acuerdo con Colosenses 1:15-20, Él ha reconciliado todas las cosas para Dios.

Sus estudiantes deben aprender a pensar en términos grandes si van a ser cristianos con bases bíblicas. Sí, la salvación es algo que llena al individuo con la presencia de Dios pero no es el cuadro completo. Cuando estamos en Cristo ya no vivimos para nosotros mismos, vivimos para Él. Nuestras vidas están perdidas en su vida y Él vive su vida a través de nosotros. La conversión cristiana es una conversión del "yo" y el "mí" al "ustedes" y el "nosotros".

ANTECEDENTE BÍBLICO

Juan nos transporta desde la arena pública del capítulo 12 hasta la privacidad del círculo íntimo de Jesús en el capítulo 13. La transición es abrupta pero así debe ser. Juan es un maestro de la narrativa. Por primera vez en el evangelio dejamos a las multitudes atrás. Ahora estamos en Jesús en un lugar secreto para disfrutar una comida y una instrucción privilegiada.

Jesús empieza la comida con una lección objetiva. Lava los pies de Sus discípulos. Jesús pone Su vida y ministerio en contexto con este sencillo acto. Los discípulos no van a ser capaces de interpretar ninguna palabra o acto de Jesús como autoservicio a la luz de esto. Pero Él no deja las cosas así. Voltea con Sus seguidores y les pregunta, "¿Entienden lo que he hecho con ustedes? (v. 12). Como es Señor y Maestro, al lavar sus pies Él les ha enseñado cómo vivir. Deben seguir Su ejemplo porque, "ningún siervo es más que su amo" (v. 16). De hecho, Jesús hace del servicio la medida de la grandeza.

Jesús pasa de un trabajo sucio a otro al exponer la traición dentro del círculo íntimo. Desde el versículo 18 hasta el final del capítulo, Jesús muestra que primero será traicionado por Judas y luego negado por el resto de los discípulos. ¿El resto? Sí, porque aunque Pedro lo iba a negar con palabras, todos lo iban a negar con su silencio. Al final, todo el mundo lo rechazó. Jesús murió solo por los pecados del mundo.

Note algunos puntos interesantes de la segunda mitad del capítulo 13. Primero, Jesús nos provee un marco con el cual podemos interpretar la traición que sufrió; aceptarlo significa aceptar a Dios, lo que, desde luego, significa que lo contrario también es verdad (v. 20).

Segundo, el instrumento que Jesús usa para revelar a su traidor es el pan. Recuerda que el pan simboliza su cuerpo. Jesús se voltea hacia Judas, le entrega el pan e inmediatamente Satanás entra en Judas. ¿Y qué hace Jesús con el *cuerpo* de Jesús? Justo lo que Satanás había deseado todo ese tiempo. Aquí Juan nos dice que es de noche. La noche de Judas es el contraste del día de Jesús. Finalmente se le permite actuar a Satanás.

Ahora que Jesús ha puesto irreversiblemente en marcha los motores de su propia muerte parece casi aliviado. Sin Judas se vuelve a sus discípulos y empieza el trabajo de transferirles su ministerio.

Ahora les dice que van a revelar su discipulado al mundo (vv. 34-35). No es hablando en lenguas u otras expresiones. Es más que eso. Es amándose unos a otros. Esto nos lleva al capítulo 14. Aquí Jesús invita a sus discípulos a unirse a la comunión. Han conocido al Padre. Hasta este punto en la historia, cada vez que Jesús ha mencionado su destino final, ha explicado, "no me pueden seguir". Ahora, por primera vez les dice a sus discípulos que lo seguirán.

Jesús está regresando al Padre y dejando una marca para sus seguidores. En los versículos 5 al 11, resurge el ciclo de "El Padre y yo somos uno" (10:30). Pero ahora Jesús se dirige al círculo íntimo con la intención de llevarlos a este ciclo y hacerlos parte de él. Dice en los versículos 12-14 que su obra continuará por medio de ellos cuando oren al Padre en su nombre.

Luego habla de una forma totalmente diferente. Presenta una nueva variable a la ecuación. Habrá "Otro Consolador... el Espíritu de verdad" (vv. 16-17). Ese Espíritu unirá a los discípulos con Jesús en su ausencia y como están unidos a Jesús serán ligados al Padre mediante Él. Pero esta comunión debe ser sostenida por la obediencia a los mandamientos de Jesús. Él no está hablando de una unión mística. La unión con Él es algo completamente visible al mundo mediante los milagros. La obra del Espíritu no es hacer que los discípulos se sientan bien y a gusto por dentro, sino llevarlos al compañerismo del Padre y el Hijo conduciéndolos a la verdad (16:13). Y cuando discípulos de Jesús expresen su amor por Él por la obediencia recibirán retroalimentación del Padre (v. 21), el Hijo (v. 21) y el Espíritu Santo (v. 26). El círculo está completo, los discípulos han pasado del "yo" y el "mí" al "ustedes" y el "nosotros".

"Y era de noche" (13:30)

¿Recuerdas cómo Jesús les había dicho a sus discípulos que Él tenía que trabajar mientras el día durara (5:17; 9:4-5 y 11:9-10)? Bueno, la noche finalmente ha llegado. El ministerio público de Jesús está terminado y la luz del día se está poniendo sobre el horizonte de la muerte. En tanto que fue de día Jesús, la Luz del Mundo, habló las palabras del Padre e hizo la obra del Padre. Y con esta luz vino la vida: los paralíticos caminaron, los ciegos vieron y los sordos oyeron.

Ahora que es de noche saldrán esas cosas que se anidan en la oscuridad. Los que habían sido detenidos por la luz ya no lo serán más. Hemos visto lo que puede hacer la luz; ahora es tiempo de ver lo que puede hacer la oscuridad.

ACTIVIDADES DE LA SESIÓN

EMPÁPATE DE LA PALABRA

¿En qué puedo servirle?

En esta actividad, se les pedirá a sus jóvenes que piensen en formas en las que pueden servir a otros. Empiece su sesión recopilando sus ideas. Jesús enseñó el servicio a sus discípulos lavando sus pies. No hay nada mágico sobre el lavamiento de los pies; era una práctica del mundo antiguo. Hoy tenemos muchas prácticas que son parte de nuestra vida común. Como sus estudiantes han sido entrenados por la televisión para recibir, puede que les falte imaginación en el departamento de servicio. Aquí hay una lista de necesidades contemporáneas que pueden ayudarles a pensar en maneras tangibles de servir a otros: la debilidad de la edad avanzada, la pobreza, el dolor del duelo, el hambre de los desempleados, la soledad de los que se aíslan, la culpa de los prisioneros.

No muchos de nosotros enfrentaríamos la penuria de morir por un amigo pero todos debemos determinar si viviremos o no por un amigo. Al vivir por otros se le llama servicio. Jesús sirvió a sus discípulos lavando sus pies, luego les ordenó que hicieran lo mismo. De esta forma seguirían el ejemplo de su maestro.

El lavamiento de pies puede ser visto hoy como algo irrelevante pero el servicio siempre es relevante. Tengamos una lluvia de ideas sobre todas las formas posibles de servir a otros.

EXPLORA LA PALABRA

1. PANORAMA (13:1—14:31)

Jesús ha dejado las multitudes detrás y ahora está dándoles sus últimos minutos a sus discípulos. Es como estar en el ojo del huracán; el conflicto queda atrás y el desafío final de Jesús está adelante. Aquí, la atmósfera aunque es íntima, está cargada con energía.

Cada palabra es importante y cada acción está llena de significado. Los discípulos, aunque no tenían la certeza de cómo manejarlo todo, están al filo de sus asientos esperando que el Señor les ayude a entender.

Tenemos el privilegio de escuchar lo que dice. Lo que Jesús les dice a los que están con Él también es para nuestros oídos. Lo que aplica a ellos, también aplica a nosotros. Leamos los capítulos 13 y 14 y respondamos las siguientes preguntas:

- *Si supieras que vas a morir mañana, ¿no querrías pasar tu última noche con tus amigos más cercanos discutiendo lo que realmente es importante para ti? Esto es lo que Jesús hizo. ¿Cuáles son las cosas que Jesús consideró importantes como para discutirlas esa última noche de su vida?*

- *Las últimas órdenes de un líder son las más fuertes. Menciona todos los mandamientos que puedas encontrar en esta sección. (Enlístelas en la pizarra)*

- *Jesús hace unas promesas a sus discípulos que fueron doblemente significativas considerando el tiempo. Menciona todas las promesas que puedas encontrar. (Enlístelas en la pizarra)*

2. LAVAMIENTO DE PIES (13:1-17)

Pida a alguien que les Juan 13:1-17 en voz alta.

La noche empieza con un acto que sorprendió a los discípulos. Ciertamente debió haber puesto las cosas de cabeza. Jesús lava sus pies. Con ese acto, Él puso todo en perspectiva; cada palabra que había hablado y cada acto que había hecho debían ahora ser entendidos como un servicio. Y pone una carga sobre sus seguidores cuando dice, "Ningún siervo es más que su amo". Ellos debían hacer lo mismo unos por otros porque negarse a hacerlo es negar su enseñanza.

- *¿Por qué crees que Jesús lavó los pies de sus discípulos? "Porque estaban sucios" no es una respuesta aceptable. ¿Por qué quería que se sirvieran el uno al otro?*

- *Al final de la lección en el versículo 17, Jesús les dice a sus discípulos. "¿Entienden esto? Dichosos serán si lo ponen en práctica". ¿Qué podría significar esto?*

- *¿Cómo puede ser una bendición para el siervo servir a la gente?*

3. NOCHE (13:18-38)

Términos/Personas que debemos conocer

- *El discípulo a quien Jesús amaba (Juan 13:24) – La mayoría de los eruditos cree que las referencias a lo largo de los evangelios al "discípulo a quien Jesús amaba" se refieren a Juan, el hermano de Jacobo e hijo de Zebedeo. A Juan se le acredita la escritura de cinco libros del Nuevo Testamento: el cuarto evangelio (Juan), tres epístolas (1 Juan, 2 Juan, 3 Juan), y Apocalipsis. La tradición dice que Juan fue el único miembro de los doce originales que murió de muerte natural, aunque sufrió al menos en el exilio debido a sus creencias (en la isla de Patmos, donde escribió el libro de Apocalipsis).*

Pida a alguien que lea Juan 13:18-38 en voz alta a la clase.

¿Recuerdan cómo Jesús les seguía diciendo a sus discípulos que tenía que trabajar en tanto que fuera de día? (5:17, 9:4-5; 11:9-10). Noten que tan pronto como Judas se va, el narrador dice, "Ya era de noche". Es de noche porque, por un momento, se le permite a la maldad hacer lo peor. Durante el ministerio público de Jesús era de día. Jesús, la luz del mundo, mediante su enseñanza y sus señales milagrosas, habló de las obras de Padre e hizo el trabajo del Padre. Y con su vida vino la luz y la vida. Los paralíticos caminaron, los ciegos vieron y un muerto fue resucitado. Ahora es de noche y la oscuridad traerá lo que hay en ella.

- *Recuerda que a menudo en el evangelio de Juan, el pan simboliza el cuerpo de Jesús. Es cuando Jesús le da el pan a Judas que Satanás entre en él. Por alguna razón Judas rechaza a Jesús y lo traiciona. ¿Cuáles son algunas razones por las que la gente rechaza la vida de Jesús?*

- *Jesús casi parece aliviado porque Judas se ha ido. Dice, "Ahora es glorificado el Hijo del hombre y Dios es glorificado en él". El término glorificado engloba todo lo que está por suceder: la muerte, la resurrección y el regreso al Padre. En este instante da una orden importante. ¿Cuál es y por qué crees que la da ahora?*

- *En el versículo 38 vemos que Judas no es el único discípulo que traiciona a Jesús. Pedro lo negará tres veces. De hecho todos los discípulos lo van a abandonar; ninguno hablará en su defensa. Jesús*

estuvo completamente solo; sólo Su padre estuvo con Él. Aunque sus discípulos no son los únicos en traicionarlo. A lo largo de la larga historia de la Iglesia cristiana, la traición ha sido el enemigo más grande de la iglesia. ¿Cómo traicionan todavía los cristianos al Señor hoy?*

4. CONTINUIDAD (14:1-11)

Pide a alguien que lea Juan 14:1-11 en voz alta.

Desde el principio Jesús enfatizó Su conexión con el Padre. La palabra que habla es la palabra del Padre (7:16); las obras que hace son las del Padre (5:19). Todo el tiempo se señala a sí mismo como viendo al Padre. Aparentemente, Jesús no escogió a los discípulos por su inteligencia porque todavía les cuesta mucho entenderlo todo. Aquí Él concluye la conversación como un carpintero que clava un clavo en un madero.

- *Hemos visto a los líderes judíos corromperse y bloquear el flujo de la Palabra de Dios para la gente. En lugar de buscar glorificar a Dios, ellos buscaron glorificarse a sí mismos (7:18), y en lugar de servir a Dios, sirvieron al diablo (8:44). Con este antecedente, ¿cuál es la importancia de las palabras de Jesús, "Yo soy el camino, la verdad y la vida"? (14:6).*

- *La palabra "camino" indicaría que hay un "dónde". ¿Jesús es el camino a dónde? Jesús responde la pregunta en los versículos 2-4. Siempre que Jesús ha mencionado su destino ha añadido, "a donde yo esté no podrán ustedes llegar" (7:34). Pero eso ahora cambia. ¿A dónde va Jesús y por qué los discípulos no pueden seguirle?*

- *Cuando era joven me enseñaron que en el cielo cada uno de nosotros tendría una mansión si éramos fieles a Jesús. Con los ojos de mi imaginación yo vi grandes casas y jardines para todos. Pero entre más pensaba sobre esto menos atractivo me parecía. Después de todo, es un poco solitario vivir en una casa grande tú solo. Jesús habla de "muchas habitaciones". El cielo es una sola casa con mucho espacio para que vivamos. Piensa en los versículos 2-4 y describe cómo crees que será la vida para nosotros en la casa de nuestro Padre.*

5. ÚNETE AL CÍRCULO (14:12-31)

Pide a alguien que lea Juan 14:12-31

Aunque la conexión de Jesús con el Padre ha sido el mensaje de la primera mitad del evangelio de Juan, la invitación a unirse en esa continuidad es el mensaje de la segunda mitad. La comunión que Jesús disfruta con su Padre no es algo que debamos solamente observar y envidiar por la eternidad, no. Estamos invitados a la fiesta. Jesús dio pistas de esto en 13:20 y habló más llanamente en 14:2-4 pero ahora extiende su mano a los discípulos y a nosotros y nos dice, "¡Únanse!"

- *En 14:2-4 aprendemos que podemos anticipar la participación en la exaltación de Cristo: seremos parte de esa maravillosa casa celestial. Pero antes de que vayamos debemos darnos cuenta de que el reino de Dios empieza aquí ahora en la tierra. En 14:12 vemos que debemos continuar la obra de Cristo en el mundo después de que Jesús se haya ido. Basado en lo que sabes de la relación de Jesús con su Padre, ¿qué significa "que yo hago"?*

- *En los versículos 15 - 31 Jesús dice que amarlo a Él es obedecer sus mandamientos. Se cumple su obra con la obediencia y el amor es nuestra motivación. Pero, ¿eso es todo con lo que estamos equipados? ¿Quién más se unirá y nos ayudará a continuar con la obra de Jesús?*

APLICA LA PALABRA

1. ¿QUIÉN ESTÁ EN LA CIMA?

Vivimos en un mundo caído. Nuestra tendencia natural es dominar a otros y utilizarlos para que nos sirvan. Nuestro mundo alienta este tipo de comportamiento pecaminoso alabando la riqueza y el poder. Tristemente, este tipo de dominio infecta hasta nuestras más cercanas y más queridas relaciones. Con frecuencia, los jóvenes manipulan a sus familias y amigos en formas sutiles y hábiles para su ventaja personal. Esta es la raíz de todos los conflictos interpersonales. Es la raíz del abuso infantil y conyugal en nuestros hogares. Hablar sobre "valores familiares" es inútil cuando no servimos a nuestras familias.

En este momento de la sesión usted tiene la oportunidad de hacer una prueba para ver qué tanto se relacionan sus alumnos con otros. Se les pedirá que hagan un inventario de sus relaciones, empezando con sus familias y con-tinuando con todo el mundo. La pregunta en el inventario es, "¿Quién está en la cima?" Pida a sus estudiantes compartir sus resultados del inventario y pida que piensen en formas en que pueden ser mejores siervos.

Vivimos en un mundo donde la grandeza se mide por cuánta gente te sirve a ti. Con frecuencia escuchan la frase, "Soy el número uno". Los que tienen más dinero y poder son los que tienen más sirvientes y por esto, pensamos que son los más grandes. Pero en el reino de Dios, todo es al revés. Jesús dice que la grandeza se mide por la cantidad de gente a la que sirves tú. En esta sección haz un inventario de tus relaciones y haz la pregunta, ¿quién está en la cima? En otras palabras, ¿estoy siendo servido o estoy sirviendo? Para aquellos que te están sirviendo escribe una forma en la que puedas servirles tú.

1. *Familia:*

2. *Amigos:*

3. *Gente de la iglesia:*

4. *Gente de la escuela:*

5. *Tu vecindario:*

6. *Tu ciudad:*

7. *Tu nación:*

8. *Tu mundo:*

2. ¿DÓNDE ESTÁ LA BENDICIÓN?

En Juan 13:17, Jesús promete una bendición a todos los que sirven. Se les pedirá a los estudiantes que entrevisten a alguien en su iglesia que tenga la reputación de siervo. Para hacer este ejercicio más sencillo, usted puede pedir a sus estudiantes que nominen varias personas que crean ejemplifican el espíritu de servicio en su iglesia. Invite a una o más personas a ir a su reunión del grupo para que lo(s) entrevisten. Se sugieren algunos pero no se sienta limitado a ellos. Piense en otras preguntas. Después de todo, busque descubrir la bendición del servicio para sus jóvenes.

En cada iglesia hay alguien que es conocido como un gran siervo(a). Aquí hay una oportunidad para saber si la promesa de Jesús de que el servicio es bendecido es verdad o no. Vamos a entrevistar a un(os) siervo(s). Las posibles preguntas que pueden hacerle incluyen cómo empezaron a servir, por qué sirven, qué lecciones aprendieron como siervos, qué tipo de servicio les recomendarían a ustedes, entre otras.

VIVE LA PALABRA

Quiero ser como Jesús

Concluya su clase con un desafío. Pensando en la primera actividad y los pasajes de la lección pida a sus alumnos que tengan una lluvia de ideas sobre un proyecto que su grupo pueda hacer en la siguiente semana. Háganlo en equipo, de modo que puedan rendirse cuentas mutuamente. Luego manos a la obra.

Termine con una oración.

10 No hay amor más grande

VERSÍCULO CLAVE

"Así como el Padre me ha amado a mí, así también yo los he amado a ustedes. Permanezcan en mi amor" (Juan 15:9).

OBJETIVOS DE ENSEÑANZA

Ayudar a los estudiantes a:

1. Entender que como discípulos ellos están conectados con Jesús y su ministerio en el mundo mediante el Espíritu Santo.

2. Desear una relación más cercana con Jesús.

3. Comprometerse a sí mismos a pertenecer totalmente a Jesús mediante el ministerio del Espíritu Santo.

PERSPECTIVA

Muchas veces usamos el término "cristiano" muy a la ligera en nuestras iglesias. No debería ser así. Si usáramos nuestros nombres sin cuidado como usamos el nombre de Cristo, todos estaríamos en la cárcel por fraude.

Para usar el nombre de otro, debemos tener su permiso y usarlo sólo bajo las condiciones que él/ella establezca. ¿Quién ha recibido permiso de Cristo para usar su nombre y cuáles son las condiciones de uso? En otras palabras, ¿quién tiene derecho a llamarse cristiano? ¿El tener una experiencia personal maravillosa, de éxtasis nos da el derecho a llevar el nombre de Cristo? Ha habido algunos líderes que nos han contado sus maravillosas experiencias con Jesús y luego han avergonzado a la Iglesia y dañado su trabajo horriblemente con su inmoralidad.

A la Iglesia se le ha confiado la mayordomía del nombre de Jesús. Es su tarea enseñar a sus miembros las condiciones de uso y que rindan cuentas. Ser cristiano no es un asunto privado. Es una empresa comunitaria y es la comunidad de fe la que nos autoriza a llevar el nombre de cristianos.

ANTECEDENTE BÍBLICO

La conexión de Jesús con su Padre ha sido el tema unificador de la narrativa de Juan. Como Jesús es uno con su Padre, Él es la Luz y la Vida. Y por esto, la fe en Jesús nos lleva a la vida. En esta sesión aprenderemos que Jesús promete extender su conexión con el Padre a sus discípulos por medio del Espíritu Santo.

1. Amor (15:1-17)

Así como el lavamiento de los pies de los discípulos provee el marco dentro del cual podemos entender el ministerio de Jesús, así la imagen del vino y las ramas (vv. 1-17) provee una forma de entender la naturaleza de nuestra conexión con Jesús. Es una imagen poderosa, como todas las ilustraciones de Jesús. Los puntos claves de la imagen incluyen tres sustantivos: una viña, un jardinero, y unas ramas. También vemos tres verbos: podar, llevar fruto y quemar las ramas que no producen fruto. Y finalmente una moraleja: "Mi Padre es glorificado cuando ustedes dan mucho y muestran así que son mis discípulos" (v. 8).

La moraleja nos ayuda a interpretarlo todo. El Padre es el jardinero y actor principal. Ha plantado una viña y es dueño de ella. Es para sus propósitos o gloria que la cuida. Jesús es la "vid verdadera". Ha sido plantado en el mundo por su Padre mediante la Encarnación. Es uno con el propósito del Padre y busca servir al Jardinero. La imagen de la viña también tiene un significado secundario. A lo largo del evangelio, Jesús se ha referido consistentemente a Él mismo como la "vida". Jesús tiene vida que corre a través de Él y su vida está basada en su conexión con el Padre. Por último están las ramas que reciben vida al permanecer en la vid. Pero esta vida no debe entenderse como una que sirve a las ramas. En vez de eso debe entenderse que sirve al Jardinero produciendo "fruto". La obra continua del Jardinero es inspeccionar y podar las ramas, ayudando a aquellas que llevan fruto para que lleven más fruto y cortando a las que no llevan fruto.

Antes de pasar a la interpretación de la analogía de Jesús, veamos algunos de los significados implicados aquí. Primero, está la anotación sobre el juicio. (No sé que más pueda significar una fogata ardiente). Y este es el juicio para los discípulos. ¡Estas son personas que están en la Viña! Tienen una relación personal con Jesús. Pero es una relación sin fruto. Como los parásitos, la vida va hacia ellos pero para en lugar del propósito del Jardinero. Estas son ramas que se sintieron bien sobre su relación con Jesús. Después de todo, ¡obtuvieron mucho de esa relación!

En segundo lugar, están las palabras de Jesús en el versículo 4: "Así como ninguna rama puede dar fruto por sí misma, sino que tiene que permanecer en la vid, así tampoco ustedes pueden dar fruto si no permanecen en mí". Esto suena muy familiar, muy parecido a Juan 5:19: "El Hijo no puede hacer nada por su propia cuenta, sino sola-mente lo que ve que su Padre hace, porque cualquier cosa que hace el Padre, la hace también el Hijo". Aquí están los eslabones de una cadena. Jesús hace lo que ve a su Padre hacer y nosotros hacemos lo que vemos a Jesús hacer; por lo tanto hacemos lo que el Padre está haciendo.

Los versículos 9 y 10 resaltan la conexión con el Padre y nuestra conexión con Jesús y lo colocan todo dentro del marco del amor. El amor es aquello de lo que trata nuestra obediencia. Pero el amor debe ser enseñado porque no sabemos cómo amar lejos de Jesús. Es por esto que la sumisión es esencial para el plan divino.

Luego viene un giro interesante. Jesús lleva a los discípulos a un nuevo nivel de auto entendimiento y a un nuevo nivel de responsabilidad. "Ya no los llamo siervos... los he llamado amigos" (v. 15). Esto les da a los discípulos una forma de entender la muerte de Jesús que sería imposible para los siervos porque, ¿qué amo da su vida por sus siervos? Además, les ayuda a entender que ellos, si son verdaderamente amigos de Jesús, deben entregar sus vidas por Él. Y así Jesús completa el ciclo y cumple la lógica circular de la narrativa. En amor el Padre se extiende hacia el Hijo y el Hijo muere para producir discípulos que, en amor, se extiendan hacia el Padre entregando sus vidas. Mediante Jesús, Dios nos alcanza y mediante el Espíritu Él nos levanta hacia sí mismo. "Nosotros amamos a Dios porque Él nos amó primero" (1 Juan 4:19).

2. Odio (15:18-16:4)

Sólo en caso de que creamos que el mundo aplaudirá esta acción de amor, Jesús nos señala hacia Él mismo y dice: "Recuerden lo que les dije: Ningún siervo es más que su amo. Si a mí me han perseguido, también a ustedes los perseguirán" (15:20). Nuestra conexión con Jesús es total. Al continuar con su trabajo debemos esperar experimentar lo que Él ha experimentado; algunos nos creerán, así como algunos creyeron en Él; y algunos nos odiarán así como lo odiaron a Él. Al extender el amor de Dios dando nuestras vidas, algunos darán sus vidas para Dios y conocerán la vida eterna. Mientras que otros rechazarán a Dios y nos odiarán, trayendo juicio sobre sí mismos.

En nombre de Dios

"Y hasta viene el día en que cualquiera que los mate pensará que le está prestando un servicio a Dios" (16:2). Recuerde una lección anterior que una característica de la maldad es intentar destruir la verdad por la dolorosa auto conciencia que trae. Aquí vemos otro aspecto de la maldad humana: apela a la justicia. Como la maldad es esencialmente una negación, un gran cero, necesita la verdad para existir. Es una caída o una perversión de lo que es bueno esto significa gente que hace el mal, aunque por dentro estén conscientes de estar haciendo el mal, siempre tratan de racionalizar su comportamiento. Los nazis creyeron que estaban haciéndole un favor al mundo al matar a los judíos y un día, tal vez no muy distante, la gente creerá lo mismo al matar a los cristianos.

3. LA OBRA DEL ESPÍRITU SANTO (16:5-16)

Jesús explica que se les dará el Espíritu a los discípulos para que Él pueda convencer "al mundo de su error, en cuanto al pecado, la justicia y el juicio" (v. 8). En lugar de entender esto de manera mística debemos entenderlo concretamente, hasta como entendemos la Encarnación como un evento concreto. Es la obra del Espíritu Santo entre los discípulos la que convencerá al mundo. Esto significa que la convicción del Espíritu depende de la obediencia de la Iglesia. El Espíritu condena al mundo al guiar a los discípulos a la verdad, así como está cimentada en Cristo. Esto significa que podemos esperar que el Espíritu afecte los corazones por medio de una Iglesia que es obediente a la voz del Espíritu. Olvídese de trabajar alrededor de la Iglesia; o Dios trabajará mediante nuestras iglesias o las juzgará.

4. GOZO (16:17-33)

Para concluir su instrucción a los discípulos, Jesús les deja saber que está por venir un periodo peligroso para ellos. Pero les asegura que es transitorio, así como los dolores de parto son transitorios para la mujer. Él se irá pero no para siempre. Por un tiempo no lo verán y esto será doloroso pero más tarde lo verán y esto les dará gozo (v. 17).

ACTIVIDADES DE LA SESIÓN

EMPÁPATE DE LA PALABRA

Sólo imagínalo

Este ejercicio se preparó para ayudar a sus estudiantes a salir de sí mismos y ver sus vidas desde afuera hacia adentro. Como cristianos representamos a Jesús en nuestro mundo. Nuestros cuerpos no son nuestros, somos dirigidos por el Espíritu Santo y al entregarnos a Él recibimos poder por la vida de Dios. Nosotros, en este sentido, somos el cuerpo visible de Jesús en nuestro mundo. Este ejercicio está diseñado para ayudar a los estudiantes a pensar sobre ellos mismos en este sentido.

Se les pide a los jóvenes que se imaginen que son alguien famoso y que viven la vida de esa persona. Pida a sus estudiantes que compartan quién quieren ser y cómo creen que ser esa persona por un día cambiaría sus relaciones.

Imaginen sólo por un momento que son alguien famoso. Puede ser cualquiera, alguien de la industria del entretenimiento o de los deportes o hasta la política como el presidente de nuestro país. Ahora imaginen que ustedes, con su nueva identidad, viven en sus casas grandes y van a sus escuelas y asisten a sus iglesias.

- *¿Quién eres?*
- *¿Cómo actúas cuando estás con tus amigos y familia y cómo responden ellos?*
- *¿Cómo te trata tu mejor amigo y cómo tratas tú a tu mejor amigo?*
- *¿Y qué tal con tu mamá?*
- *¿Y tu pastor?*
- *¿Y tus maestros en la escuela?*
- *Ahora aplica esta actividad al hecho de vivir una vida cristiana. ¿Cómo cambiaría la forma en que ves a otros y te relacionas con ellos el tener verdaderamente la identidad de Jesús dentro de ti?*

EXPLORA LA PALABRA

Panorama (15:1–16:33)

Estamos en el ojo del huracán. Afuera, los vientos violentos esperan que Jesús dé el siguiente paso. Pero por ahora Jesús está comprometido en una obra importante delegando su ministerio a sus discípulos.

"Ciertamente les aseguro que si el grano de trigo no cae en tierra y muere, se queda solo. Pero si muere produce mucho fruto" (12:24). Jesús está preparando a sus discípulos para que sean los frutos de su ministerio continuo. Todo es parte del plan divino. Su muerte, en lugar de ser un fin, será un nuevo inicio, el nacimiento de algo nuevo para el mundo. "La mujer que está por dar a luz siente dolores porque ha llegado su hora pero en cuanto nace la criatura se olvida de su angustia por la alegría de haber traído al mundo a un nuevo ser" (16:21).

Se nos permite escuchar detrás de la puerta en este círculo íntimo porque como creyentes de Jesús somos parte de la conspiración. Nosotros también somos los frutos producidos por la muerte de un grano de trigo. ¿Qué significa continuar el ministerio de Jesús en el mundo?

Pida a alguien que lea en voz alta Juan 15:1—16:33.

- *¿Ven cualquier tema que continúe de la sesión previa?*

- *¿Se introduce algún tema nuevo?*

2. Amor (15:1-17)

Pida a alguien que vuelva a leer Juan 15:1—17 en voz alta a la clase.

En el capítulo 14, Jesús invita a sus discípulos a unirse al círculo de su comunión con el Padre mediante el Espíritu Santo. Nos dice que cuando reciban el Espíritu, "se darán cuenta de que yo estoy en mi Padre y ustedes en mí y yo en ustedes" (14:20). La intimidad y cercanía de todo esto se ve muy atractiva, pero los sentimientos de calidez no son el propósito. En el capítulo 15, Jesús usa una figura de lenguaje muy poderosa para ayudar a sus seguidores a entender el significado de todo. Esta sección resume el propósito de "permanecer en la viña".

- *¿Qué pasa con aquellas ramas que no dan fruto?*

- *Jesús habla del Padre que "poda" las ramas que no dan fruto (v. 2b). ¿Qué crees que significa esto?*

- *¿Qué es el fruto? ¿Qué actos o palabras son para la gloria del Padre? (Pista: Mira los versículos 9-14 para ver la explicación de Jesús).*

- *En el versículo 15, Jesús eleva el estatus de los discípulos de "siervos" a "amigos". ¿Cuál es la diferencia entre un siervo y un amigo de acuerdo con Jesús?*

3. Testimonio frente al odio (15:18-16:4)

Pida a alguien que lea Juan 15:18-16:4 en voz alta.

La conexión de los discípulos con Jesús y su obra es completa. Incluirá tanto las partes desagradables como las agradables. En el versículo 20, Jesús dice "Recuerden lo que les dije: Ningún siervo es más que su amo". Advierte a sus discípulos que si son fieles, el mundo los odiará por la misma razón que lo odió a Él. Anima a sus discípulos a seguir testificando de Él. Sin embargo, los discípulos no están solos, ya que viene un Consolador, el Espíritu de verdad que preparará los corazones y vidas de aquellos a quienes sean enviados los discípulos.

- *Los que el mundo odia no están solos. Si el mundo odia a los discípulos, ¿a quién más odia en el proceso?*

- *Como la maldad es mala intenta usar a la verdad y a la vida para que la mantengan. Es un parásito. Debe mentir para subsistir y cada mentira necesita un poco de verdad para hacerla creíble. Jesús les dice a sus discípulos, "hasta el tiempo viene cuando cualquiera que los mate pensará que le está prestando un servicio a Dios" (16:2). ¿En qué forma pensaron los líderes judíos que le estaban prestando un servicio a Dios al matar a Jesús?*

- *¿Recuerdas otros momentos y lugares en que se hayan cometido grandes males en nombre de Dios?*

- *La gracia previniente o la obra de Dios en los corazones de los hombres antes de que los cristianos llegue e escena siempre está trabajando. ¿A quién envía Dios para hacer este trabajo de gracia? (vs. 26)?*

4. El Espíritu Santo (16:5-16)

Pida a alguien que lea Juan 16:5-16

El Espíritu Santo nos une a Jesús y nos hace parte de su trabajo. En 14:26, Jesús nos dice que el Espíritu nos enseñará para que demos testimonio al mundo. Ahora Jesús nos ayuda a entender al ministerio del Espíritu con más profundidad.

- *Jesús nos dice que enviará al Espíritu a los discípulos (v. 7) ¿para que ocurra qué cosa?*

- *Los versículos 13 al 15 hablan de lo que el Espíritu hará entre los discípulos. ¿Qué hará y cómo ayudará su trabajo a los discípulos a continuar la obra de Jesús?*

5. Gozo (16:17-33)

Pida a alguien que lea en voz alta Juan 16:17-33. Si quiere, puede dividir a la clase en grupos pequeños para esta actividad.

Jesús empieza a preparar a los discípulos para el juicio que pronto enfrentarán. Los discípulos están confundidos e inseguros de lo que Jesús quiere decir. Parafraseemos (dilo en tus propias palabras) un poco las palabras de consuelo de que se encuentran en los siguientes versículos:

- *vv. 20-22*
- *vv. 23-27*
- *v. 28*
- *v. 33*

Aunque lo que los discípulos están por experimentar (sin mencionar a Jesús) es doloroso, el dolor será breve y el resultado final traerá gozo. Usando lo que has leído y escrito, explica por qué los sacrificios de Jesús por nosotros deberían darnos gozo.

APLICA LA PALABRA

1. En nombre de Jesús

Ayude a sus estudiante a explorar el pasaje de estudio buscando ideas sobre cuáles son algunos de los derechos y responsabilidades de los cristianos y discutan cómo tomar éstos seriamente deberían influenciar una vida cristiana. Las preguntas de abajo son una ayuda para empezar la discusión.

Jesús les dice a sus discípulos que son una extensión de su vida en el mundo. De eso se trata la imagen de la viña y las ramas. Los discípulos de Jesús viven en el nombre de Jesús, haciendo su obra y hablando sus palabras para la gloria de su Padre.

Cuando nos convertimos en cristianos, recibimos una nueva identidad. Nuestra vieja vida se va y recibimos la nueva vida de Dios. Y la vida que recibimos es la vida en Jesucristo. Esta es una transformación personal increíble y pasamos todas nuestras vidas creciendo en ella. Con este cambio vienen ciertas responsabilidades y también ciertos derechos.

- *Cuando vives en el nombre de Jesús, ¿cuáles son tus derechos?*

- *Cuando vives en el nombre de Jesús, ¿cuáles son tus responsabilidades?*

2. No hay amor más grande

Se dice que la siguiente historia es real- El poder de la historia recae en su reflexión de la vida de Cristo y su sacrificio por nosotros. Pida a un estudiante que lea en voz alta la historia al grupo y luego discuta las siguientes preguntas.

Antes de leer esta historia piensen en el tipo de amigo que fue Jesús para los que Él amó mientras estuvo en la tierra.

Un pequeño orfanato misionero no había causado daño a nadie pero en la guerra eso no importaba. Los misioneros y unos cuantos niños fueron asesinados en el momento mismo del ataque pero muchos otros quedaron heridos en el piso, moribundos.

La gente de la aldea vietnamita llamó por radio pidiendo ayuda y alcanzó unas fuerzas militares amigas. Un doctor de la naval y una enfermera fueron enviados para ayudar. Cuando llegaron inspeccionaron la escena y determinaron que una pequeña niña moriría sin una transfusión inmediata de sangre. El doctor y la enfermera revisaron su propia sangre pero ninguno tenía el tipo correcto. Sin embargo, varios de los niños sí lo tenían.

El doctor hablaba un poco de vietnamita y la enfermera un poco de francés. Usando ambos idiomas, más cierto lenguaje de señas improvisado, trataron de explicarles a los niños que si no podían reemplazar parte de la sangre de la niña, ella iba a morir. Les preguntaron a los niños si alguien estaría dispuesto a donar su sangre para ayudar.

Los niños permanecieron en silencio con los ojos bien abiertos. Después de unos minutos, lenta y temblorosamente se levantó una pequeña mano, bajó de pronto y luego volvió a subir.

"Oh, gracias," dijo la enfermera en francés. "¿Cómo te llamas?"

"Heng," respondió el pequeñito.

La enfermera rápidamente colocó a Heng en una cama y restregó su brazo con alcohol e insertó una aguja en su vena. En medio de todo esto, Heng permaneció quieto y en silencio.

Después de un minuto, soltó un fuerte sollozo y rápidamente se cubrió el rostro con la mano. "¿Te duele, Heng?", preguntó el doctor. Heng sacudió la cabeza pero después de unos momentos se le escapó otro sollozo.

El doctor le preguntó de nuevo si la aguja le dolía; Heng sacudió la cabeza. Pero sus sollozos pasaron a ser un llanto silencioso, sus ojos estaban apretados y su puño estaba en su boca para acallar los sollozos. El doctor y la enfermera estaban preocupados. Algo estaba muy mal. En ese momento llegó una enfermera vietnamita y viendo la pena de Heng, rápidamente le habló en vietnamita con una voz suave. Después de un momento Heng dejó de llorar y veía a la enfermera vietnamita. Cuando ella asintió con la cabeza, apareció una cara de gran alivio en el rostro de Heng. Volteando con el doctor y la otra enfermera, la enfermera vietnamita dijo, "Pensó que estaba muriendo. No entendió lo que ustedes querían. Pensó que querían toda su sangre para que la niña viviera".

"¿Pero por qué estaría dispuesto a hacerlo?", preguntó la primera enfermera.

La enfermera vietnamita repitió la pregunta al niño, quien contestó sencillamente, "Ella es mi amiga".

- *¿Cómo encarnó Heng el ejemplo de Jesús?*

- *¿Cuáles son algunas formas en que podemos dar nuestras vidas por el Señor y por otros?*

VIVE LA PALABRA

Lema

Concluya el tiempo de la sesión leyendo juntos, en voz alta, Gálatas 2:20 y afirmándolo como un lema para que su grupo lo viva.

"He sido crucificado con Cristo y ya no vivo yo sino que Cristo vive en mí. Lo que ahora vivo en el cuerpo, lo vivo en la fe del Hijo de Dios, quien me amó y dio su vida por mí".

Después de leer esto, pregunte a sus jóvenes si estarían dispuestos a comprometerse con este lema. Antes de terminar con una oración, aquí está otro dicho que puede leer a su clase, es del artista folclórico Pbro. Howard Finster: "Morir diariamente es un mayor sacrificio que morir muerto".

¿Quién necesita a la iglesia?

11

PASAJE DE ESTUDIO
Juan 17:1-26

VERSÍCULO CLAVE

"Yo les he dado la gloria que me diste para que sean uno como nosotros somos uno: yo en ellos y tú en mí. Permite que alcancen la perfección en la unidad y que el mundo reconozca que tú me enviaste y que los has amado a ellos tal y como me has amado a mí" (Juan 17:22-23).

OBJETIVOS DE ENSEÑANZA

Ayudar a los estudiantes a:

1. Entender el rol que tiene la Iglesia al revelar a Jesús al mundo.

2. Sentir la necesidad de ser parte de la Iglesia de Jesucristo.

3. Comprometerse a participar en la Iglesia de Jesucristo.

PERSPECTIVA

La Iglesia tiene un rol clave para que la gente conozca a Jesús. ¿Una exageración? Piénsalo. ¿Quién da de su tiempo para recordar lo que Jesús hizo? La Iglesia. ¿Quién hace un esfuerzo para recordarles a otros lo que Jesús hizo? La Iglesia. ¿Quién te enseñó a ti y te amó y te dio un lugar dentro de la obra de recordar y contar la historia de Jesús? La Iglesia. Mira en cualquier libro de historia de secundaria y descubrirás que el mundo se ha olvidado de Jesús. Si no fuera por la Iglesia, Jesús simplemente sería un pie de página en la historia. Ninguna otra organización humana usa tiempo y energía recordando a Jesús.

Esto significa que la Iglesia es la institución más importante en el mundo. ¿En verdad lo crees?

¡Mira quién habla de ir contra la corriente! Ninguna idea es más impopular y detestable para el mundo que esta. Porque en nuestro mundo y hasta en nuestras iglesias, le cuesta a la gente creer que la Iglesia es importante. Esto no es necesariamente porque la Iglesia haya fracasado, aunque innegablemente la Iglesia no es todo lo que pudiera ser. Es principalmente porque la gente no sabe lo que es importante y por lo tanto no puede reconocer algo importante cuando lo ve. Los jóvenes son una imagen clara de nuestra cultura. Y como a nuestra cultura no le importa la Iglesia, a muchos jóvenes tampoco. Debemos enseñarles la importancia de la Iglesia porque no podrán comprender el significado total de

71

convertirse a Cristo sino hasta que aprendan a amar y participar en la Iglesia de Jesucristo.

Jesús conocía la importancia de la Iglesia y oró por ella. No pidió al Padre que hiciera a la Iglesia rica y poderosa en la forma usual que pensamos sobre la riqueza y poder. Le pidió al padre que hiciera a la Iglesia una sola. Esta sección trata de la oración y lo que significa.

ANTECEDENTE BÍBLICO

Algunas personas se preguntan si Jesús inició la Iglesia o no. Después de todo nunca dijo que venía a traer la Iglesia al mundo, dijo que vino para traer el reino de Dios. Y todos pueden ver que la Iglesia no siempre es el Reino. De acuerdo con este pensamiento, la Iglesia se desarrolló por accidente, casi como una reflexión del evangelio, o lo que es peor, una perversión del evangelio por parte de la gente que deseaba poder y control sobre los demás.

Aunque Jesús nunca dijo que había venido a iniciar la Iglesia, es muy claro que intencionalmente formó un grupo de discípulos y los llamó no sólo para que lo amaran sino para que se amaran entre ellos también. Hacer la pregunta, "¿Inició Jesús la Iglesia?", es un poco engañoso porque para Jesús, Israel era la Iglesia. Eran el pueblo escogido, el pueblo de Dios. La palabra iglesia ni siquiera es una palabra judía; es griega. La iglesia era una palabra que los cristianos griegos usaban para describir lo que significaba vivir como pueblo escogido de Dios entre los que no creían. Así que esto nos lleva de vuelta a Jesús y la Iglesia. ¿La inició Él?

Sí, si por esto entendemos que Jesús ministró entre el pueblo escogido de Dios, llamando al verdadero Israel a vivir en la luz de su enseñanza y obra.

El capítulo 17 de Juan es la oración de Jesús por la Iglesia. De hecho, hasta podemos entender a la Iglesia como la respuesta a la oración de Jesús. Como el corazón de la oración es que sus discípulos, y hasta los que fueran a creer en su mensaje en el futuro, vivieran juntos en la unidad del amor.

La oración fácilmente se divide en tres secciones. La primera, los versículos 1-5 es la oración de Jesús por sí mismo. La segunda sección, los versículos 6-19, es la oración de Jesús por sus discípulos. Y la sección final, los versículos 20-26, es la oración de Jesús por los que van a creer mediante el mensaje de sus discípulos.

1. JESÚS ORA POR SÍ MISMO (17:1-5)

Juan nos ayuda a escuchar a escondidas la oración de Jesús. Lo que oímos nos ayuda a ver cómo Jesús entendió su misión y lo que esperaba de los que creían en Él. La pri-

mera parte de la oración revela una glorificación recíproca entre el Padre y el Hijo. Jesús exclama, "Yo te he glorificado en la tierra y he llevado a cabo la obra que me encomendaste" (v. 4). Antes había dicho, "Padre, ha llegado la hora. Glorifica a tu Hijo," (v. 1). ¿De qué trata la glorificación? Básicamente es exaltación. Jesús es exaltó a su Padre revelándolo al mundo. Ahora Jesús está orando para que el Padre lo exalte revelando su verdadera identidad al mundo. ¿Y cuándo ocurrirá esto? Primero mediante la Crucifixión (un inicio extraño), luego mediante la Resurrección y en última instancia mediante la ascensión al Padre. Esto nos debe recordar las referencias continuas de Jesús a ser "levantado" (3:14; 8:28; 12:32-34). Ser "levantado" se refiere tanto a ser levantado en una cruz como a ser levantado al cielo. Era igual para Jesús. Los dos levantamientos no podían separarse porque "Dios se opone a los orgullosos pero da gracia a los humildes" (Santiago 4:6). Para Jesús, el camino descendente era el camino ascendente. Sin la Cruz no hubiera habido una ascensión al cielo.

2. JESÚS ORA POR SUS DISCÍPULOS (17:6-19)

Los versículos 6-10 continúan el tema de la gloria. Los discípulos han visto la gloria de Dios en Cristo y han creído en las palabras de Jesús. Son únicos y Dios cuidará de ellos de manera especial porque se les ha confiado la gloria de Dios en Jesucristo.

En los versículos 11 al 15 Jesús ora para que el Padre proteja su gloria. Su mayor temor, visto en el versículo 11, es que una vez que se vaya, las ovejas sean dispersadas por el lobo del capítulo 10. No quiere que estén aislados y sean vulnerables. Así como Él, el Buen Pastor, los protegió, pide que el Padre los proteja para que la memoria de la gloria de Dios en Cristo no desaparezca del mundo.

Jesús luego ora para que el Padre santifique a los discípulos. En otras palabras, quiere que el Padre los aparte y los haga santos (vv. 16-19). Este apartarlos creará una barrera entre ellos y el mundo y los protegerá. Pero esta separación no es una distancia física o un desapego. Ellos permanecen en el mundo. Su separación es espiritual y se logra mediante la obediencia a la Palabra de Dios. Extrañamente esta obediencia los envía de vuelta al mundo (v. 18). Los discípulos de Jesús siguen este patrón de compromiso. Aquí vemos la paradoja de la fe cristiana: los discípulos de Jesús están en el mundo y a la vez no lo están. Físicamente están aquí y viven aquí pero en espíritu están separados para Dios y viven por el Espíritu.

3. JESÚS ORA POR LOS QUE HAN DE CREER MEDIANTE EL MENSAJE DE SUS DISCÍPULOS (17:20-26)

Después Jesús ora por todos los que van a creer por la predicación de los discípulos. ¿Cuál es la esencia de la oración? "Que todos sean uno" (v. 21). El tema de la unidad continúa y se extiende a los seguidores de Jesús por la eternidad. (Si tan solo valoráramos nuestra unidad tanto como Jesús lo hizo).

En los versículos 21 al 23, iniciando con su propia unidad con el Padre, Jesús lleva a sus discípulos al punto central. Inicialmente, la revelación del Padre al mundo dependía de Jesús. En Jesús, el mundo vio la luz de Dios. Ahora que Jesús está partiendo debe establecerse un nuevo receptor que continúe la obra de la revelación. Ese receptor es la comunidad de discípulos. Y la clave para este ministerio es la unidad. Toma nota de que Jesús no aisló a los creyentes y dijo que mediante una relación personal y privada con Él ellos podían personal y privadamente continuar su ministerio solos y sin los demás. Nada puede estar más alejado de su visión. Y aun así, esto es precisamente lo que muchos cristianos creen. La visión de Jesús para la Iglesia y la clave para el éxito de la Iglesia en el mundo es, "Permite que alcancen la perfección en la unidad y así el mundo reconozca que tú me enviaste y que los has amado a ellos tal y como me has amado a mí" (v. 23).

Una nota final antes de concluir esta sesión: fíjate en la diferencia en el tono de Jesús cuando habla del mundo entre los versículos 6-12 y 20-23. En el primer pasaje, le tono es claramente de desaprobación. Es una condena basada en que el mundo rechazó al Hijo. Pero el tono en los versículos 20-23 es definitivamente de alegría y esperanza. ¿Podría ser que el cambio de tono de Jesús sea una reflexión sobre el cambio de mentalidad del mundo? ¿Podría ser que ese rechazo en el primer siglo no sea necesariamente un rechazo para siempre? ¿Podría significar que la Iglesia tendrá éxito en su misión y ganará al mundo mediante la unidad y el amor? Sería maravilloso si así fuera.

La Iglesia anunciando y viviendo la salvación

La participación en la Iglesia es esencial en el plan de redención. La Iglesia tiene el privilegio de llevar el mensaje de salvación mediante Jesús.

En tiempos recientes, la Iglesia ha sido vista como una opción, como si no fuera importante en vida del cristiano. Esta herejía está arraigada en un malentendido de cómo la salvación de Dios es mediada para con el mundo y cómo se vive esta salvación. Un hecho es claro, la salvación y por lo tanto la vida cristiana fue diseñada para vivirla en comunidad, de una u otra manera. En una unidad de propósito y acción con Dios y con los otros discípulos de Jesús (Juan 17).

El conocimiento de Dios en Cristo es algo que viene desde fuera de nosotros, por medio del Espíritu Santo, y la Iglesia es un instrumento para dar a conocer este conocimiento. Pablo dice: "ahora bien, ¿cómo invocarán a aquel en quien no han creído? ¿Y cómo creerán en aquel de quien no han oído? ¿Y cómo oirán si no hay quien les predique?" (Romanos 10:14).

Jesús ha confiado su obra y palabras a sus discípulos, más allá de que pertenezcan a una denominación o institución en particular, pues pertenecen al Cuerpo de Cristo.

ACTIVIDADES DE LA SESIÓN

EMPÁPATE DE LA PALABRA

La Iglesia anunciando y viviendo la salvación

Si quiere, puede realizar este ejercicio en grupos pequeños. Ayuda a los estudiantes a entender la importancia clave de la Iglesia para conducirlos hacia las instrucciones de Jesús sobre el trabajo de darle gloria a Dios.

Pida a los estudiantes que compartan lo que encontraron en sus pasajes de estudio y use esto como una introducción para otras actividades para esta sesión.

Muchos países son instituciones anti-institucionales. ¿Es una contradicción? Sí. Los países están llenos de ellas. Muchas culturas nacionales son culturas de un individualismo escabroso y en esta cultura, las instituciones se consideran opresivas. Pero no se puede escapar de las instituciones porque sin ellas no tendríamos contacto unos con otros y sin contacto unos con otros moriríamos. Las instituciones también forman identidades. Por ellas nos entendemos a nosotros mismos como hijos, estudiantes, hombres y mujeres, esposos y esposas, empleados, patrones, ciudadanos, votantes y hasta haitianos o cubanos, u otra nacionalidad, según sea el caso. La iglesia cristiana es algo más que una institución estática, es un organismo vivo que ayuda a la gente a crecer en su relación con Dios y cumplir el propósito de Dios para su vida.

Por lo anterior, podemos decir que la importancia de la Iglesia radica en el hecho de que se le ha confiado el mensaje de Jesucristo. Es la misión de la iglesia recordar y experimentar la gloria de Dios y dejar que brille en el mundo. Es responsabilidad de la Iglesia presentar a Jesús como el Salvador y enseñar cómo Dios se ha revelado a sí mismo a lo largo de la historia.

Jesús les dijo a sus discípulos que su gloria brillaría en el mundo si hacían ciertas cosas. En tus grupos pequeños busca los siguientes versículos y describe cómo son estas cosas.

13:34-35
16:5-15
17:20-26

EXPLORA LA PALABRA

1. PANORAMA (JUAN 17:1-26)

Este es un punto crítico en la historia de Jesús. Por tres años se ha entregado a sus discípulos. Les ha revelado al Padre de una manera nunca vista antes y ahora está a punto de dejarlos. A menos que los discípulos recuerden lo que han presenciado y a menos que a su vez den testimonio a otros, la luz de Jesús desaparecerá y se perderá del mundo.

Jesús quiere que su obra continúe. Recuerda que tiene ovejas que llamar en otros rediles. (Ver el capítulo 10.) Si Sus discípulos no continúan su obra, ¿cómo será como uno solo?

En una carrera de relevos, el cambio de estafeta es el momento crucial. Si la estafeta se cae se pierde la carrera. Jesús está confiando su obra a este grupo de discípulos harapientos. Casi se puede sentir su ansiedad. Pero no solamente está confiando en ellos porque sabe lo que hay en los corazones de los hombres. Está confiando tanto su obra como sus discípulos al Padre. El capítulo 17 es su oración en favor de ellos y de nosotros.

Pida a un miembro de la clase (o miembros) que lean en voz alta Juan 17.

- *Si supieras que vas a morir dentro de las siguientes 24 horas, probablemente pasarías mucho tiempo en oración. ¿Qué pedirías?*
- *Contrasta lo que pedirías con lo que Jesús pidió. ¿En qué es parecida tu oración y en qué es diferente?*

- *¿Qué te dice su oración sobre las prioridades de Jesús?*

2. GLORIFÍCAME (17:1-5)

Pida a alguien que lea en voz alta Juan 17:1-5.

Nota que Jesús está orando en la presencia de sus discípulos. Quiere que ellos, y que nosotros, escuchemos su oración. Empieza la oración con una especie de revisión, un tipo de declaración que dice que el Padre le ha conferido autoridad sobre todo mortal para que Él les conceda vida eterna a todos los que le ha dado. Después Jesús define lo que es Vida Eterna en el versículo 3.

- *Explica "vida eterna" en tus propias palabras.*
- *La Vida Eterna es imposible sin conocer a Dios y conocer a Dios es imposible sin conocer a Jesucristo. Es por esto que Jesús dijo, "Yo soy el camino, la verdad y la vida. Nadie llega al Padre, sino por mí" (14:6). ¿Cómo nos ha dado Jesús el conocimiento de Dios?*
- *Glorificar significa "brillar" o "irradiar". Jesús le recuerda al Padre que le ha dado gloria. ¿Cómo le dio gloria al Padre la obra de Jesús?*
- *Ahora Jesús le pide al Padre que lo levante. ¿Cómo crees que ha hecho esto el Padre?*

3. "TE HE REVELADO" (17:6-10)

Pida a alguien que lea en voz alta Juan 17:6-10.

Aquí vemos justamente lo que Jesús les ha confiado a sus discípulos. ¿Recuerdas la metáfora del Buen Samaritano en el capítulo 10? Aquí la vemos de nuevo. Ha llamado a aquellos que han escogido hacer la voluntad de Dios (7:17) y les ha revelado al Padre (v. 6). Esta revelación debe conservarse en el mundo.

- *Jesús le recuerda al Padre que los discípulos, aunque han sido confiados a Jesús, pertenecen al Padre. ¿En qué versículo se encuentra esto?*
- *Hace unos momentos te imaginaste al Padre glorificando al Hijo, Ahora fíjate en el versículo 10 que Jesús ha recibido gloria mediante sus discípulos. ¿Cómo glorifican al Hijo los seguidores de Jesús?*

4. PROTÉGELOS (17:11-19)

Pida a alguien que lea Juan 17:11-19

Ahora Jesús deja a los discípulos bajo el cuidado del Padre. Como Buen Pastor, Él los recibió del Padre (v. 6). Los protegió mientras estaba en el mundo (v. 10). Ahora los está devolviendo al cuidado del Padre (v. 11).

- *¿Por qué está tan preocupado Jesús por el bienestar de sus seguidores?*

- *Jesús le pide al Padre que los proteja de dos formas. ¿Cuáles son? (Pista: ver el versículo 11 y el 17).*

- *Jesús le pide al Padre que santifique a sus discípulos. "Santificar" significa "separar" o "apartar". Es fácil ver cómo separarte del mundo te puede proteger de él. Pero Jesús dice: "No te pido que los quites del mundo sino que los protejas del maligno" (v. 15). Luego continúa diciendo, "yo los envío también al mundo" (v. 18). La separación del mundo no es física, sino espiritual. ¿Cómo se logra esta separación? (Pista: ver el versículo 17.)*

- *¿Por qué es nuestra protección en el mundo espiritual y no física?*

SANTIFICADO EN EL NOMBRE DE JESÚS (17:11-19)

En los capítulos anteriores Jesús les dice a Sus discípulos que pidan en Su nombre (14:13, 15:16, y 16:23-24). Ahora le pide al "Padre santo" que los proteja por el poder del mismo nombre. Es difícil para nosotros entender lo que esto significa pero es claro que Jesús está haciendo un llamado a la unidad en este nombre. En tiempos antiguos era común que la gente pidiera en nombre de otros. Si alguien de poder y prominencia te confiaba su nombre, tú tenías la autoridad de actuar a nombre de ellos y disfrutar los privilegios que ellos disfrutaban. Jesús les confió por su nombre, Jesús pide que sus discípulos sean apartados y aun así permanezcan en el mundo por ese mismo nombre, disfrutando la protección, verdad y santificación del Padre.

5. PARA QUE EL MUNDO CREA" (17:20-26)

Pida a alguien que lea Juan 17:20-26 en voz alta a la clase.

- *Jesús ora por gente como tú y como yo. La preocupación de Jesús es que algo ocurra entre*

nosotros para que el mundo crea que su Padre lo envió. ¿Qué es ese algo? (Ver el versículo 23.)

- *En el capítulo 10, Jesús dice que la unidad de su rebaño es una gran preocupación y lo repite en el capítulo 13, "De este modo todos sabrán que son mis discípulos, si se aman los unos a los otros" (13:35). El mensaje aquí parece ser que la unidad de los seguidores de Jesús es la clave para revelar la gloria de Dios al mundo. ¿Cómo le va a la iglesia en esta área?*

- *Cuando piensas en tu iglesia local, ¿qué puedes hacer para que sea un lugar de amor y unidad?*

- *¿Cuáles son algunas de las cosas que evitan que la iglesia sea el lugar que Jesús quería que fuera?*

APLICA LA PALABRA

1. SIENDO LA IGLESIA

Este ejercicio pide otra entrevista a tu pastor sobre el trabajo de la iglesia. Abajo hay una lista de preguntas que ayudarán a los estudiantes a entender los diversos ministerios de la iglesia y cómo llevan adelante la visión de Jesús. Cuando los jóvenes se entrevisten con el pastor pídales que por turnos cada uno haga una pregunta. Si quiere puede fotocopiar las preguntas y luego distribuirlas a la clase para que las hagan. No sienta que tiene que apegarse a ellas. Si los alumnos tienen otras preguntas, aliéntelos a hacerlas. Pero recuerde que el objetivo del ejercicio es llevar a los alumnos a entender cómo el trabajo de la iglesia lleva adelante la visión de Jesús.

En nuestra iglesia, el pueblo de Dios trabaja para convertir la visión de Jesús en una realidad. Las actividades diferentes que pasan el domingo y a lo largo de la semana están diseñadas con toda la intención. Con lo que hemos aprendido sobre la visión de Jesús para la iglesia preguntémosle a nuestro pastor cómo están diseñados estos ministerios de la iglesia para hacer de la visión de Jesús una realidad.

Adoración

1. *¿Cuál es el propósito del servicio de adoración?*

2. *¿Cómo promueve la adoración el amor por Dios y por la gente?*

3. *¿Qué consejo darías para experimentar la adoración a plenitud?*

Escuela Dominical

1. ¿Cuál es el propósito de la Escuela Dominical?

2. ¿Cuál es el rol del Espíritu Santo en nuestra Escuela Dominical?

3. ¿Cuál es su visión de la Escuela Dominical para nuestra Iglesia?

Compañerismo

1. ¿Cuál es el propósito del compañerismo en nuestra iglesia?

2. ¿Cómo pueden los jóvenes hacer el compañerismo más efectivo?

3. ¿Qué estamos haciendo mediante nuestro compañerismo para ayudar a los dolidos y abandonados de nuestra comunidad?

Alcance

1. ¿Cuál es el propósito del alcance de nuestra iglesia?

2. ¿Cómo alcanzamos a los que están dentro y fuera de nuestra iglesia?

3. ¿Cómo me puedo involucrar más en el alcance de la iglesia?

2. DERRIBANDO LOS MUROS

Lo primero en la lista de deseos del Señor para sus seguidores está la unidad. Desafortunadamente no hemos hecho un buen trabajo en esta área. Muchas cosas dividen a la iglesia en muchos niveles. En nuestras comunidades locales, las quejas personales separan a la gente y a niveles de sociedades estamos separados por clases, razas y denominaciones. Nos urge la sanidad. En este ejercicio se les pide a los jóvenes que piensen en formas para derribar esas barreras. Pida a su grupo compartir sus ideas. Asegúrese de evitar criticar a los líderes de su iglesia local cuando hagan

esto. Cuando usted esté ahí discuta esos asuntos que dividen a su grupo, no para culpar a nadie, sino para empezar un proceso de sanidad.

Como la unidad es tan importante para el testimonio de la iglesia, nuestros enemigos trabajan horas extras para dividirnos. A continuación hay una lista de barreras personales y sociales que evitan que la iglesia dé un testimonio de unidad en Jesús en nuestro mundo. En oración piensen en formas en que ustedes, o su grupo, o nuestra iglesia puede derribar esas barreras.

Barreras personales

1. Espíritu que no perdona

2. Chisme

3. Egoísmo

4. Orgullo

5. ¿Otros?

Barreras sociales

1. Racismo

2. Denominacionalismo

3. Economía

4. ¿Otros?

VIVE LA PALABRA

Orando con Jesús

El pasaje de estudio de esta sesión es una oración escrita. Es la oración de Jesús por su iglesia. Concluya esta sesión con un tiempo de oración por la Iglesia. Ore por sanidad para su iglesia local y por la Iglesia alrededor del mundo.

Ensalzar al Rey

12

PASAJE DE ESTUDIO

Juan 18:1—19:42

VERSÍCULO CLAVE

"'¡Así que eres rey! – le dijo Pilato- Eres tú quien dice que soy rey. Yo para esto nací, y para esto vine al mundo: para dar testimonio de la verdad. Todo el que está de parte de la verdad escucha mi voz" (Juan 18:37).

OBJETIVOS DE ENSEÑANZA

Ayudar a los estudiantes a:

1. Entender los diversos aspectos del increíble sacrificio de Jesús por nuestros pecados.

2. Sentir un aprecio por lo que Jesús hizo mediante su juicio y crucifixión.

3. Expresar agradecimiento a Jesús por llevar la condenación sobre Él.

PERSPECTIVA

Justicia… parece que todos la quieren. Pero si de verdad la entendiéramos, ¿todavía la querríamos? La justicia que ansiamos siempre parece obrar en nuestro favor, o al menos en nuestras mentes. Pero si se distribuyera la justicia universal, ¿saldríamos ilesos algunos de nosotros? Lo dudo.

Hay mucha injusticia en el mundo y los poderosos tienen más oportunidad de causarla que los débiles. Pero esto no hace automáticamente bueno al débil y malo al poderoso. Sólo significa que los poderosos tienen más oportunidades que los débiles. ¿Cuál es la solución para esta desigualdad? En nuestros días hemos intentado esparcir el poder más equitativamente, así que en lugar de tener a unos cuantos con la oportunidad de hacer un gran mal, mucha gente tiene la oportunidad de hacer el mal en pequeñas cantidades. En otras palabras, hemos hecho de la injusticia un asunto de oportunidades iguales para todos. ¡Brillante!, ¿no? Esto es lo mejor que puede hacer nuestro mundo. Algunos lo llaman injusticia; otros dicen que es triste.

La crucifixión nos muestra que Dios no desea solamente justicia; lo que desea es gracia. ¿Qué quiere decir esto? La Iglesia ha estado reflexionando en ello por casi 2 mil años y no ha agotado las implicaciones, mucho menos las ha puesto en práctica. Notarás que el primer objetivo de la enseñanza para esta lección es familiarizar a los estudiantes con la pasión de Jesús. Con un tema tan potente, ¿cómo podemos esperar hacer más?

ANTECEDENTE BÍBLICO

El registro de la crucifixión es muy corto. Dice: "Jesús salió cargando su propia cruz hacia el lugar de la Calavera (que en arameo se llama Gólgota). Allí lo crucificaron" (19:17-18).

No se registra ningún grito ni descripción gráfica del sangriento ritual, sólo el registro sencillo, terso. Y sin embargo, todo el evangelio ha estado conduciéndonos hacia este momento y evento. Todo el evangelio nos ha dado un marco para interpretar este evento. Por lo tanto podemos decir que toda la historia trata sobre la crucifixión. Aquí hay algunos detalles que llevan a la muerte de Jesús:

1. EL ARRESTO EN EL JARDÍN (18:1-11)

Después de su oración, Jesús toma a sus discípulos a un lugar donde sabe que Judas podrá encontrarlo. Previamente, Jesús evadió a las autoridades; ahora ayuda en el proceso de su arresto. Jesús no está tratando de esconderse; está tomando la iniciativa. Desde el principio ha provocado este enfrentamiento. Cuando llegan por Él, Jesús sale ante sus acusadores y les dice quién es (vv. 4-8).

2. EL LLAMADO A DAR TESTIMONIO (18:12-27)

Para apreciar lo que ocurrió después requiere cierto conocimiento de la ley judía. De acuerdo con la ley, un hombre no podía testificar en su propia defensa, ni podía ser condenado sin dos testimonios que lo culparan. La solicitud de Jesús de tener testigos es una solicitud por un juicio justo. Se le niega esto porque el enjuiciamiento no lleva testigos. Pero hay dos testigos que podrían testificar en su favor. Están parados en el patio. En ese mismo momento los dos lo están desconociendo; uno (Juan) con su silencio y el otro (Pedro) con sus palabras. Pedro hizo una confesión muy buena en la privacidad del Aposento Alto y pudo usar una espada en el calor de la batalla, pero hacer una confesión pública era algo para lo que no tenía el valor. Al final, Jesús estaba completamente solo (16:32).

3. EL REINO DE VERDAD Y EL REINO DE ESTE MUNDO (18:28-19:16)

Aunque todo el evangelio de Juan es una ironía extendida, el episodio con Pilato es el clímax. En el versículo 28 vemos a los judíos evitando cuidadosamente la deshonra ceremonial en honor de Dios a la vez que condenan falsamente al Hijo de Dios como blasfemo. Vemos a un juez cínico y débil quien faltando a la verdad sentencia a la Verdad a la muerte.

Es interesante cómo los judíos entregan a Jesús ante Pilato. Es la peor de las políticas. Pilato pide un cargo sencillo contra Jesús y los judíos responden: "Confía en nosotros, este hombre es un criminal". Así que Pilato, dándose cuenta de que todo esto significaría trabajo para Él, les dice a los judíos que juzguen a los suyos según sus propias leyes. A esto, respondieron algo como, "Queremos que tú lo mates por nosotros". ¡Ah! Pilato se da cuenta de que esto es un negocio sucio y los judíos quieren mantener sus manos limpias.

Pilato, quien comprendía mejor la política judía que la mayoría de la gente; ya ha visto esto antes. Este hombre es un profeta tipo mesiánico, y el Sanedrín quiere matarlo. Así que Pilato usa la controversia a su favor. Le pregunta, "¿Eres tú el rey de los judíos?" En el versículo 35, Pilato hace un par de preguntas más pero en lugar de responderlas, Jesús vuelve a la primera pregunta de Pilato y dice, "Mi reino no es de este mundo. Si lo fuera, mis propios guardias pelearían para impedir que los judíos me arrestaran. Pero mi reino no es de este mundo" (v. 36).

Jesús confiesa que es rey; luego dice, "Todo el que está de parte de la verdad escucha mi voz" (v. 37). Eso significa que es el rey del reino de la verdad, y sus súbditos son los que escuchan su palabra y la obedecen. Ahora vayamos de vuelta al versículo 36. A la luz del versículo 37 vemos que Jesús le está diciendo a Pilato que no tiene súbditos en este mundo porque nadie está del lado de la verdad. ¿Es esta una condenación del mundo? Sí. ¿Significa esto que el gobierno humano es básicamente malo? Desde luego que no. El reino es de otro lugar. ¿Significa esto que la verdad nunca será conocida en nuestro mundo? No. Sólo quiere decir que no existía entonces. Pero algún día los reinos de este mundo serán el reino de Cristo (Apocalipsis 11:15).

¿Qué pasó con el Rey de la verdad? A Pilato, pragmático y secular, no le servía. Los soldados lo golpearon y se burlaron de Él. No tenían necesidad de la verdad cuando la violencia era tan efectiva. Y finalmente, los judíos lo rechazaron porque la verdad era una amenaza a su sistema.

Los versículos 12-16 proveyeron a la Iglesia Primitiva los recursos necesarios para aguantar al estado. Como todos los gobiernos humanos, el gobierno romano exigía lealtad. Y como todos los gobiernos humanos, cuando se les daba la oportunidad, exigía la adoración de sus súbditos. Pero los cristianos, aunque eran buenos ciudadanos, nunca entendieron al estado como algo absoluto ni comprometieron la verdad aun cuando el gobierno exigía tal compromiso disfrazado de "bien común", "intereses nacionales" o hasta "derechos humanos".

Pilato provee la ironía suprema en los versículos 19 y 20. La señal que ha clavado en la cruz claramente es una burla. Tal vez se esté burlando de Jesús pero lo más probable es que se esté burlando de los líderes judíos. Y tal vez está enviando un mensaje para los otros "Mesías" de que este es el final de esa aspiración en particular. Lo que lo hace irónico, desde luego, es que es verdad. Y más adelante, al escribirlo en la mayoría de los idiomas del mundo antiguo, lo proclamó al mundo. Peo la mayor de las ironías es que en el mismo acto de la crucifixión de Jesús, Pilato cumple la oración de Jesús y lo "levanta" para que todos los hombres lo vean.

El resto del capítulo 19 ayudará a los lectores a entender la muerte de Jesús como el cumplimiento de la profecía y para testificar que Jesús, en realidad, murió y fue sepultado, no vaya a ser que alguien diga que fue un engaño.

ACTIVIDADES DE LA SESIÓN

EMPÁPATE DE LA PALABRA

La sangre de Jesús

Estamos en el clímax del evangelio y la historia está llena de intensidad. A esto nos ha llevado todo lo anterior. La primera parte de la sesión del Grupo Descubrimiento contiene un incidente histórico que refleja el bosquejo básico del mensaje del evangelio. Al leer esta historia, los estudiantes deberán ver algunos paralelismos, haciendo el significado del evangelio aún más claro. Empiece el Grupo Descubrimiento con una lectura de esta historia y abra la discusión con la pregunta: "¿En qué es esta historia de Jesús paralela a esta otra?"

En el siglo XVI, el rey Felipe II de España, católico romano, reinó sobre Holanda. Odiaba a los protestantes holandeses y mandó torturar a miles de ellos, los mutiló, encarceló y exilió por crímenes menores. Cuando finalmente se levantaron desafiantes, él decidió ponerse difícil y envió a la armada española para aplastar la insurrección.

La ciudad de Rotterdam luchó vehementemente por un tiempo pero fue finalmente derrotada por una armada española victoriosa. Los conquistadores fueron de casa en casa buscando a los ciudadanos escondidos y matándolos en las calles. Hombre, mujeres, niños, ancianos, nada importaba. El rey Felipe quería castigar a los holandeses por su rebelión. Pero en una casa, un grupo de familias se reunía temiendo en sus corazones conforme se acercaban los españoles.

De pronto, un joven tuvo una idea. Tomó a una cabra joven que pertenecía a la casa, la mató y luego con una escoba barrió su sangre debajo de la puerta de la casa. Esperando sin respirar escucharon las botas de los soldados españoles pararse en la puerta. Luego los oyeron decir, "¡Mira la sangre! Bueno, hombre, parece que nuestro trabajo aquí ya se ha hecho. Vámonos" Sus pisadas se alejaron y se fueron a matar a otro lugar. La casa se había salvado por la sangre de una cabra.

- *¿En qué se parece la historia de Jesús, "el Cordero de Dios" a esta historia?*

EXPLORA LA PALABRA

1. PANORAMA (JUAN 18:1-19:42

Todo en el evangelio de Juan ha ido llevándonos hasta este momento. Qué irónico… Jesús, un hombre que merecía la vida y la alabanza recibió la muerte y la vergüenza de la gente que vino a salvar. Visto desde una perspectiva es la desilusión mayor: una tragedia en un mundo trágico, un final donde los chicos malos viven felices para siempre. Pero visto desde otra perspectiva, la celestial, hay esperanza y victoria. Jesús entrega todo el proceso sin resistirse porque esa ha sido su misión desde el principio: morir. No busca la justicia; la justicia lo arruinaría todo. Desea morir como un hombre justo en una forma injusta. Esta es la única forma en que el plan funcionará. Porque la salvación que brinda es una salvación por gracia. Al morir injustamente como justo prepara un lugar para todos los que saben que son injustos para vivir. Conforme vayamos siguiendo los eventos que rodearon la muerte del Señor ve observando cuan injustamente lo trataron.

Pida a varios miembros de la clase que lean en voz alta 18:1-19:42.

- *¿Cómo fue rechazado Jesús por aquellos que tenían el poder de salvar su vida?*

- *Sin duda has escuchado la historia de la crucifixión de Jesús muchas veces. ¿Has meditado en su significado? Él murió por todos nosotros. ¿Qué diferencia ha hecho su muerte en tu vida?*

2. ¿QUIÉN TESTIFICARÁ POR MI SEÑOR? (18:1-27)

Pida a varios de la clase que lean Juan 18:1-27.

Es de noche y vienen por Jesús. Jesús ha estado evadiendo la captura por tres años pero el tiempo para morir ha llegado y les va a facilitar las cosas a sus perseguidores para que lo encuentren. En el versículo 2 vemos que Jesús fue donde él sabía que Judas podía encontrarlo, sale al paso y se entrega ante ellos.

- *La forma en que los judíos trataron a Jesús es digna de revisión. Cuando la turba lo llamó en el versículo 5, Jesús respondió, "Yo soy".*

- *Al identificarse a sí mismo con Dios, Jesús les deja saber a los judíos que no sólo están condenando a un hombre llamado Jesús. ¿En última instancia a quién están condenando?*

- *De acuerdo con la ley judía, un hombre no podía ser condenado sin el testimonio acusador de dos testigos. Jesús le pide al sumo sacerdote que presente un testigo pero no le llevan a ninguno. Hay dos testigos cerca que pudieron haber defendido a Jesús. ¿Quiénes eran?*

- *¿Por qué Pedro y el discípulo amado (Juan) permanecieron en silencio cuando pudieron haber hablado?*

- *El juicio de Jesús continúa hoy. Jesús se presenta a sí mismo ante el mundo para que lo juzgue en tanto que dure el mundo. El mundo lo condena sin pruebas pero Jesús tiene muchos testigos que pueden defenderlo. La pregunta para cada uno de nosotros es: "¿Has sido testigo del Señor esta semana?" ¿A quién le puedes testificar en los días siguientes?*

3. EL REY DE LA VERDAD (18:28—19:16)

Términos/personas que debemos conocer

- *Barrabás (Juan 18:40) – El criminal escogido por los judíos para ser liberado en lugar de Jesús para la Fiesta de la Pascua. La tradición mencionada aquí (que Pilato suelta a un prisionero durante la Fiesta) se desconoce en otras partes.*

- *Fiesta de la Pascua (Juan 18:28) – También llamada Fiesta de los panes sin levadura, la Pascua era la primera, y tradicionalmente la más im-portante, de las festividades anuales judías. La fiesta conmemoraba la liberación de Dios de los israelitas de la esclavitud egipcia y su establecimiento como la nación judía.*

- *Pilato (Juan 18:29) - Pilato, o Poncio Pilato ("Poncio" era su apellido), era el gobernador romano responsable de Palestina durante la crucifixión de Cristo. Pilato soportó una relación tenue y sangrienta con los judíos y especialmente con los líderes religiosos de la época. Aunque era principalmente romano y participaba de la opresión y coerción que se le hacía a la gente, Pilato también podía medir correctamente las emociones de la multitud y era muy sensible a su suerte política. Pilato siempre será conocido por su cobardía al condenar a muerte a un hombre que él creía inocente, sencillamente para conservar su bienestar político.*

- *César (Juan 19:12) – César era el apellido de una familia romana prominente que se remontaba al siglo III a.C. El término "César" eventualmente se convirtió en un título que cada emperador romano sucesivo tomó para sí. Augusto César reinaba durante el nacimiento de Jesús y su sucesor, Tiberio César, estaba en el poder durante la mayor parte de la vida y ministerio de Jesús.*

Pida a alguien que lea en voz alta Juan 18:28-19:16.

Como tratar con Jesús era tan controversial, los judíos no querían matarlo ellos mismos. Así que fueron con Pilato para pedirle el favor. Cuando Pilato les pide un cargo, los judíos responden que era un malhechor (v. 30). Pilato siendo un político astuto, ve que algo está pasando y les dice a los judíos que juzguen a Jesús ellos mismos. Como los judíos quieren tener las manos limpias, le dan un fuerte empujón a Pilato y le piden que lo mate él porque ellos no pueden (v. 31). Así que Pilato queda atrapado con el problema de buscar una manera de matar a un hombre inocente. Empieza con una corazonada. Los revolucionarios políticos eran comunes en Palestina; él tenía a uno en la cárcel en ese mismo momento (v. 40). Si podía acusar a Jesús de subversión política podía matarlo.

- *Pilato pregunta, "¿Eres tú el rey de los judíos?" (v. 33). La respuesta de Jesús debió haberlo sorprendido y, en cierto modo, desilusionado. ¿Por qué?*

- *De acuerdo con el versículo 37, Jesús es un rey pero es un tipo diferente de rey del que Pilato está pensando. La intención de Jesús no fue nunca establecer un nuevo gobierno. Entonces, ¿de qué es Jesús el rey?*

- *¿Qué nos dice la respuesta de Pilato en el versículo 38 sobre él?*

- *Aparentemente Pilato vio la táctica del "Rey de los judíos" como la mejor forma de deshacerse de Jesús. Al etiquetar a Jesús como revolucionario tenía la capacidad de defenderlo él mismo y engañar a los judíos para que cedieran en sus aspiraciones nacionalistas. Pilato era un político astuto. ¿Cómo utilizó el título "Rey de los judíos" para justificar enviar a Jesús a la cruz?*

- *¿Qué nos dice el trato que dio el Sanedrín a Jesús acerca de su actitud hacia la verdad?*

- *Los momentos finales de Pilato con Jesús debieron haber sido como una iluminación para él. Jesús lo pone todo en perspectiva cuando dice: "No tendrías ningún poder sobre mí si no te fuera dado de arriba" (19:11). ¿Cómo nos ayuda esto a entender la crucifixión?*

4. La crucifixión (19:17-27)

Términos/Personas que debemos conocer

- *Echar suertes (Juan 19:24) – Este era un método común para tomar decisiones en los días de Jesús. Era una forma al azar de seleccionar, categorizar o dividir a la gente o los artículos, como sacar piedras coloreadas de una bolsa, etc. Como las víctimas eran crucificadas desnudas, a menudo, sus ropas se convertían en propiedad de los soldados que realizaban la crucifixión.*

- *María Magdalena (Juan 19:25) – Esta es María, la mujer de quien Jesús sacó siete demonios. No hay ninguna evidencia real, aunque la tradición ha sostenido que es verdad, esa María Magdalena también era la mujer pecadora que ungió los pies de Jesús en Lucas 7.*

Pida a alguien que lea Juan 19:17-27.

Dado que toda la historia del evangelio está hecha para llevarnos a este punto, el relato de la crucifixión

mismo es sorprendentemente corto. Es suficiente para que sepamos que Jesús murió en una cruz en cumplimiento de la profecía. Pero hay una ironía, dos formas opuestas de ver lo mismo. Desde muy al inicio de su ministerio, Jesús había hablado de "ser levantado". Y finalmente está en una cruz.

- *¿Cómo puede la cruz ser entendida en dos maneras?*

- *Otro elemento de ironía en este pasaje es la señal clavada en la cruz por Pilato. Decía: "JESÚS DE NAZARET, REY DE LOS JUDÍOS" (v. 19). ¿Qué crees que significó para Pilato? ¿Y para los discípulos?*

5. Muerte y sepultura (19:28-42)

Términos/personas que debemos conocer

- *José de Arimatea (Juan 19:38) – Este hombre era un miembro rico del Sanedrín. No había participado en los esfuerzos del sanedrín para crucificar a Jesús, sino que era un hombre justo que era discípulo "secreto" de Jesús. Después de la crucifixión pidió permiso para bajar el cuerpo de Jesús de la cruz y ponerlo en una tumba que originalmente tenía para él.*

- *Día de la preparación (Juan 19:42) –Para los judíos, el viernes de cada semana era el día de la preparación para el sábado. El día de la preparación para el sábado de la semana de Pascua era especialmente importante.*

Pida a alguien de la clase que lea en voz alta Juan 19:28-42.

En este momento de la narrativa el autor quiere que sepamos dos cosas. Primero, Jesús murió de acuerdo con la profecía, y segundo, Jesús de verdad murió. Era difícil para los judíos abrir sus mentes a un Mesías crucificado. Parecía contradictorio a todo lo que habían anhelado y esperado. Así que era muy importante al mostrar a los judíos que las mismas Escrituras en las que creían hablaban de un Mesías sufriente.

- *¿Cuáles son los elementos particulares de la historia que se resaltan como una profecía cumplida?*

- *Después de que el movimiento cristiano ganara momentum y produjera muchos seguidores de Jesús entre los judíos, los detractores de la iglesia empezaron a decir que Jesús nunca había muerto; que todo era un enorme engaño. ¿Cómo probó el autor que Jesús sí murió?*

APLICA LA PALABRA

1. Aprende a morir

Este ejercicio les pide a los estudiantes que se identifiquen con Jesús, no imaginándose a sí mismos muriendo físicamente, sino viendo sus propias luchas para obedecer. Cada vez que un cristiano dice, "no" a su voluntad y le dice "sí" a la voluntad de Dios, muere de una muerte muy real. Diariamente los cristianos son llamados a vivir este tipo de muerte. Pida a los alumnos que compartan con el grupo sus luchas para obedecer. Mediante este proceso, esperamos que los estudiantes entiendan las debilidades de otros y aprendan a orar y apoyarse unos a otros en el duro trabajo de la obediencia fiel.

Jesús estaba listo para morir porque había tenido mucha práctica. Cada vez que le decía "sí" a su Padre y "no" a Él mismo, experimentaba una muerte que lo preparaba para su muerte final. La muerte de Jesús expía nuestros pecados pero también nos da un ejemplo. ¿Estás batallando para obedecer a Dios? Quiero que tomes un minuto y escribas sobre tus luchas para obedecer y pienses en formas en que el ejemplo de Jesús pueden darte la fortaleza que necesitas para seguirlo.

Empiece la hora de compartir con la pregunta: *¿Por qué morir es el secreto de vivir?*

2. Martirio

Esta actividad tiene una conexión entre la prueba de obediencia y nuestra dificultad para dar testimonio. El eslabón es la palabra mártir. Para muchas personas, el martirio es sinónimo de muerte pero la palabra literalmente significa "testificar". Muchos cristianos se pueden identificar con esta asociación porque sienten que están a punto de morir cada vez que testifican. El temor a la muerte es normal y también lo es el temor a testificar. (Después de todo, ¿a quién le gusta ser impopular?) Pero el temor a dar testimonio puede remediarse. Esta actividad ayuda a los jó-venes a asimilar varias fuentes de temor y tener una lluvia de ideas sobre formas para sobreponerse al temor. Pida a sus estudiantes que piensen en formas en que pueden vencer sus temores de testificar de Jesús en el mundo.

Mártir viene del griego, "martus" que significa "testificar". Es interesante notar que el dar testimonio vino a ser entendido como sinónimo de morir por lo que crees. La razón por la que ni Pedro ni el "discípulo amado" testificaron de Jesús la noche de su juicio es que tenían miedo de morir. El temor a testificar es con frecuencia un asunto de miedo.

El temor a morir es normal y también tener temor de testificar. Hablemos sobre algunas de las razones más comunes que da la gente que teme testificar y busca diferentes formas en que podemos vencer esos temores.

1. *Conocimiento inadecuado de la Biblia*

2. *Malas experiencias al testificar en el pasado*

3. *Posibilidad de rechazo*

4. *Desaprobación social*

5. *Falta de una experiencia fresca con Dios*

VIVE LA PALABRA

Gratitud

¿Qué podemos hacer por Jesús a cambio del sacrificio que hizo por nosotros? Sólo hay una cosa: y es vivir toda nuestra vida como una expresión de gratitud. Se les pedirá a los estudiantes que escriban oraciones de gratitud para Jesús. Pida a sus estudiantes que compartan sus oraciones con el grupo y luego termine con un tiempo de silencio y reflexión sobre lo que Cristo ha hecho mediante su muerte.

Para los que creen en Jesús, toda la vida cristiana es una vida de gratitud para Dios. Damos nuestras vidas a Dios porque Jesús dio su vida por nosotros. Tomemos un momento cada quien para escribir una oración de gratitud a Dios por el sacrificio de Jesús. Enlisten todas las razones que puedan para darle gracias a Dios por este regalo de vida.

Pida a los miembros de la clase que compartan sus oraciones con la clase durante el tiempo de la oración final.

El futuro

13

PASAJE DE ESTUDIO

Juan 20: 1—21:25

VERSÍCULO CLAVE

"La paz sea con ustedes, repitió Jesús. Como el Padre me envió a mí así yo los envío a ustedes. Acto seguido sopló sobre ellos y les dijo: reciban el Espíritu Santo" (Juan 20:21-22).

OBJETIVOS DE ENSEÑANZA

Ayudar a los estudiantes a:

1. Entender las diferentes formas en que la resurrección de Jesús cambió al mundo.

2. Ser agradecidos por los cambios que la resurrección genera.

3. Comprometerse a vivir en la luz de la resurrección de Jesús.

PERSPECTIVA

El futuro no pertenece a la ciencia ficción. Pertenece al reino de la verdad, el reino de nuestro Dios. ¿Cómo podemos estar seguros? Por la resurrección. Dios nos ha dado una esperanza y un futuro en Jesucristo. Los mejores días no quedaron atrás; están delante de nosotros. Una razón por la que los jóvenes abandonan la fe es porque no escuchan un mensaje de esperanza en la iglesia. Tendemos a ser negativos sobre los días en los que vivimos y estar de duelo por las glorias pasadas. Si siempre vemos hacia atrás de esta manera, la iglesia a regañadientes avanza al mañana. ¿Cómo podemos esperar que los jóvenes aprecien una fe que sólo parece negar dónde van a estar pasando la mayor parte de sus vidas?

El triunfo de la resurrección sobre la muerte y el decaimiento es un triunfo universal. Sí. Los que tenemos fe vemos al futuro hacia una resurrección personal, y participamos en la renovación de todas las cosas. El mensaje de Apocalipsis no es un mensaje de destrucción que tantos comentaristas parecen sazonar, sino el mensaje de que Cristo produce un cielo nuevo y una tierra nueva del cual la resurrección de Jesús es la primicia.

Este es el final del evangelio y cómo terminará el mundo; la muerte y la decadencia, con todo lo demás que sea falso morirá y el reino de la verdad se levantará y cubrirá a la tierra como el agua cubre al mar.

ANTECEDENTE BÍBLICO

El amanecer del primer día de la semana es la primera luz desde que la oscuridad cayó cuando Judas dejó a Jesús para traicionarlo con los judíos (13:30). La maldad ha hecho lo peor en los capítulos 18 y 19 pero el milagro de la resurrección revierte esta obra no sólo para Jesús sino para la creación misma y para todo el que cree en Él.

Juan es cuidadoso al registrar varios recuentos de testigos para que nuestra fe no descanse en el testimonio de una sola persona. Primero, está el recuento de la tumba vacía con María Magdalena, el discípulo a quien Jesús amaba (Juan) y Simón Pedro, registrado en los versículos 1 al 8 del capítulo 20. Luego Jesús aparece a sus discípulos tres veces en el capítulo 20.

1. LA APARICIÓN A MARÍA MAGDALENA (20:10-18)

Aunque es posible exagerar su valor, la aparición de Jesús a una mujer primero que nada es importante de resaltar. En el mundo antiguo, el testimonio de una mujer era considerado poco confiable. Antes de que empecemos a juzgar al patriarcado y sus maldades imaginadas, debemos recordar que las mujeres en el mundo antiguo no tenían escuela y casi no eran expuestas a la vida pública. Tomar sus testimonios demasiado seriamente simplemente no tenía sentido porque tenían muy poco conocimiento de la ley. Añade a esto la falsa creencia desarrollada en ausencia de la educación de que el testimonio de una mujer hasta podía ser peligroso. Desde luego, esto resultaba en la devaluación de la mujer en la cultura judía. Es precisamente por eso que la aparición de Jesús a María es tan importante. Este evento es clave para que el estatus de las mujeres sea restaurado porque el Señor de gloria resucitado confió su primera aparición a una mujer. Pero aunque esto es importante, no es el punto principal.

Sobresalen dos aspectos de la narración. El primero es la incapacidad de María para reconocer a Jesús inicialmente. El momento de reconocimiento ocurre cuando Jesús menciona el nombre de María. ¿Es esta una reminiscencia de la imagen del Buen Samaritano del capítulo 10? ¿Significaría esto que no podemos reconocer al Salvador resucitado sino hasta que nos llame por nombre?

El segundo asunto de interés es el mandamiento de Jesús de que lo soltara (v. 17). ¿Cómo debemos interpretar esto? ¿Tenía Jesús radioactividad? Probablemente una explicación más mundana será suficiente. ¿Podría simplemente estarle diciendo que no debía aferrarse a Él porque Él debía dejarla para irse con el Padre?

2. LA APARICIÓN A LOS DISCÍPULOS (20:19-23)

Nota la forma de la aparición de Jesús (v. 19). Es repentina, inmediata e inexplicable. Aunque este es el mismo hombre, Jesús busca probar algo permitiendo que los discípulos examinen sus manos y costado (v. 20), también ha cambiado. Pero más asombroso que esto son sus palabras (vv. 21-23). Jesús entrega su ministerio a los discípulos. El círculo está completo. En el versículo 21 comisiona a sus discípulos aun cuando él fue comisionado. Luego les da el Espíritu Santo soplando sobre ellos. ¿Cuál es el significado de soplar? En griego, la misma palabra se usa para viento, aliento y espíritu. Así que al darles el Espíritu Santo soplando, está mostrándoles que les está dando su propio espíritu. Pero lo más asombroso de todo son las palabras del versículo 23. Suenan como si nos fuera dado el poder de perdonar pecados. ¿Qué debemos entender por estas palabras? Debemos interpretarlas a la luz de Su misión. Es porque Jesús no vino a condenar al mundo sino a salvarlo que Sus discípulos tienen la autoridad para extender la misma gracia al mundo. El versículo 23 no es una licencia para detener la gracia; es una comisión para darla.

3. LA APARICIÓN A TOMÁS (20:24-29)

Pobre Tomás, por siempre se le conocerá como el incrédulo por este episodio. Tal vez sí tenía una personalidad más pesimista, según podemos concluir por sus otras exclamaciones (11:16). Pero la historia no tiene la intención de regañar a Tomás sino de bendecir a aquellos que no tienen el privilegio de examinar las manos y costado de Jesús personalmente.

4. LA PESCA MILAGROSA (21:1-14)

Las historias registradas en el capítulo 21 atan algunos cabos sueltos. La primera es la historia de la pesca milagrosa (vv. 1-14), y la segunda es la reinstalación de Pedro (vv. 15-23).

No es raro pescar y verlos pescar, de hecho es consistente con lo que sabemos de Pedro y algunos de los otros discípulos. Pero pescar de noche después de la resurrección dio como resultado no atrapar nada. Sin embargo, cuando llega la mañana, un hombre en la playa les da instrucciones para que lo intenten del lado derecho de la barca, ¡y listo! Atrapan más de lo que cabía en la barca. Ahora Pedro reconoce quién es y se pone la ropa, algo curioso si consideramos lo que está a punto de hacer. Salta al agua y nada a la orilla.

¿Qué debemos entender de esto? Bueno, pescar a lo largo del evangelio significa evangelizar. Así que simbólicamente podemos concluir, ahora que la noche se ha ido, que el tiempo de la futilidad ha terminado y el tiempo para reunir ha empezado. La resurrección es la razón de que sea de día y la razón por la que el tiempo de la futilidad se haya ido.

5. LA RESTITUCIÓN DE PEDRO (21:15-23)

Este es un pasaje rico y una conclusión apropiada para el evangelio porque demuestra eficazmente el poder sanador de la gracia. Aquí vemos el reflejo de la imagen de la negación de Pedro la noche del juicio de Jesús ante el sumo sacerdote. Algunas cosas son iguales: hay fuego, Pedro está presente y el discípulo amado y Jesús está ahí. Sin embargo, algunas cosas son diferentes: aquella vez era de noche, ahora es de día; aquella vez Pedro negó a Jesús tres veces, ahora lo ratifica tres veces. Y finalmente las implicaciones se voltean. Aquella vez Jesús estaba herido ahora Pedro está herido; aquella vez Jesús murió, ahora sería el turno de Pedro de morir. Y con este proceso Pedro pasa desde la gran vergüenza al gran honor; se le confía el rebaño de Jesús y continúa su llamado.

El evangelio termina con cierta especulación sobre la larga vida del discípulo amado Juan (quien aparentemente todavía vivía al momento en que se escribe el evangelio) y con la maravillosa afirmación de que no es un registro exhaustivo de la vida del salvador, porque un libro como ese no terminaría jamás.

ACTIVIDADES DE LA SESIÓN

EMPÁPATE DE LA PALABRA

Es un mundo nuevo

La meta de esta serie de actividades de la sesión es nutrir la fe en Dios para el futuro de nuestro mundo. Esta fe no es un pensamiento de deseos o la ingenuidad sobre la humanidad y su potencial sino una esperanza basada en un hecho histórico: la resurrección de Jesucristo.

Para empezar este Grupo Descubrimiento pida a los estudiantes ver en el futuro y predecir lo que ellos creen que traerá. Usualmente los mitos populares sobre el futuro son superficiales, utópicos u oscuros. Pero típicamente el pensamiento de la gente sobre el futuro no está moldeado por la Palabra de Dios tanto como lo está por sus propias inseguridades y fantasías. Tome nota de las respuestas de sus estudiantes para una referencia posterior.

Como Jesús se levantó de la muerte, ¡la vida gana! Esto significa que el mundo tiene esperanza. Desde Adán, la muerte ha hecho de las suyas pero ahora sus días están contados. Algún día la muerte morirá y toda la creación será liberada de la decadencia. Esto significa que los cristianos son gente de esperanza. Somos fundamentalmente optimistas sobre el futuro. .

- *¿Qué crees que traerá el futuro?*

- *¿Qué tanto moldea la Palabra de Dios tus opiniones?*

EXPLORA LA PALABRA

1. PANORAMA (20:1–21:25)

La noche ha pasado y el amanecer ha llegado. No ha habido luz desde que Judas dejó a Jesús y a los discípulos, en el capítulo 13. Desde ahí hasta la mañana de la resurrección, la oscuridad reinó y la maldad hizo todo lo que pudo. Pero la noche ya pasó y el dolor y el sufrimiento del juicio de Jesús y la crucifixión ya pasaron. Desde ahora en adelante, la luz crecerá.

¿Cómo podemos estar seguros? ¡Pues por la resurrección! Es el primer fruto de la renovación de todas las cosas. Jesús murió por todos y fue levantado por todos, y el poder de ese evento llenará el universo.

Pida a varios miembros de la clase que lean Juan 20:1 – 21:25.

- *¿Cómo te hace sentir leer los capítulos 20 y 21?*

- *Nuestro mundo parece obsesionado con el brillo y las predicciones sombrías o con las visiones ingenuas de un país tecnológico de las maravillas en el futuro. Pero nosotros somos cristianos. Cuando vemos al futuro no predecimos el mañana por los encabezados del periódico o por si nuestro candidato es electo como presidente o no. Todo lo vemos por la ventana de la Escritura. ¿Qué tipo de hoy y de mañana nos promete la resurrección?*

2. LAS PRIMERAS APARICIONES (20:1-31)

Juan registra cuatro apariciones de Jesús después de la resurrección. Al leer otras porciones del Nuevo Testamento sabemos que esto no fue todo. Pero estos episodios están registrados porque cada uno lleva consigo su propio mensaje. Jesús se apareció primero a María Magdalena (v. 10-18). El hecho de que se apareciera primero a una mujer es altamente importante. En el mundo antiguo el testimonio de las mujeres no era válido. Pero desde este evento, la fortuna de la mujer ha cambiado y el crédito debe dársele a Jesús. Pero hay otro aspecto de esta aparición que es digno de mencionar. María no reconoció a Jesús sino hasta que Él la llamó por su nombre. Si has reconocido a Jesús como el Señor resucitado, sabes que no es porque eres muy listo y perceptivo; es porque Jesús te ha llamado por nombre.

- *¿Cómo ha cambiado tu vida tu encuentro con Jesús?*

LEE JUAN 20:19-23 EN VOZ ALTA.

- *La segunda aparición de Jesús fe a sus discípulos (v. 19-23). En esta aparición prosigue donde se quedó antes de su juicio y crucifixión. ¿Qué les manda hacer Jesús a sus discípulos?*

- *¿Qué les da?*

Lee en voz alta Juan 20:24-31.

- *La tercera aparición es especialmente para un discípulo que duda (v.24-31). "Tomás el dídimo o el incrédulo", pobre hombre, será siempre recordado por este incidente. Algunas veces la gente tiene dudas. Si son dudas honestas, Jesús las tratará. Si tienes dudas sobre el mensaje de Jesús no te las guardes sino escríbelas, y pregúntale a alguien y sobre todo ofrécelas a Dios. Si son genuinas deja que la historia de Tomás te consuele.*

- *El mensaje del encuentro de Tomás con el Señor es que es más bendecido no ver y creer que ver y creer. ¿Por qué honra a Dios este tipo de fe?*

3. LA PESCA MILAGROSA (21:1-14)
Términos/personas que debemos conocer

- *Zebedeo (Juan 21:2) – El padre de Jacobo y de Juan.*

Pida a alguien que lea en voz alta Juan 21:1-14.

Cada señal (milagro) previa a la crucifixión señalaba hacia la muerte inminente de Jesús; pero como esta viene después, ilustra lo que va a venir después de la resurrección. Al leer la historia recuerda que cada detalle tiene un significado en el cuadro total. Nota algunos de los aspectos más importantes. Primero, están pescando en la noche y no atrapan nada. Luego, en la mañana ven a Jesús. Les dice que echen las redes del lado derecho de la barca y ¡listo! Atrapan más peces de los que caben en la barca. La historia es más que sólo una gran historia de pesca. Aquí hay unas pistas sobre los eventos principales: 1) pescar=evangelismo; 2) noche=antes de la resurrección; lado derecho de la barca=una nueva y poderosa manera de estar en el mundo. ¿Ahora qué crees que significa la historia?

4. GRACIA (21:15-19)

Pida a alguien que lea Juan 21:15-19 en voz alta.

Esta es una historia maravillosa con la cual terminar el evangelio porque ilustra muy bien el poder de la gracia. Es la restitución y comisión de Pedro. Aquí vemos algunos paralelismos interesantes con la escena en la que Pedro negó al Señor en el capítulo 18.

- *¿Cuántas cosas puedes encontrar que sean iguales? (El fuego es igual y la presencia de Pedro, el discípulo amado y Jesús).*

- *También hay algunas diferencias interesantes. De hecho algunas cosas son precisamente opuestas al evento en el que Pedro negó al Señor. ¿Qué aspectos pueden llamarse imágenes de espejo? (Tres aspectos son reflejos de un espejo de la negación: aquella vez era de noche, ahora es de día; aquella vez Pedro negó a Jesús tres veces, ahora lo ratificaba tres veces; aquella vez Jesús murió por Pedro, ahora Jesús le dice a Pedro que morirá por Él).*

- *¿En qué forma nos da esta historia esperanza para nuestro propio nuevo comienzo?*

¿Alguna vez te has preguntado… qué tienen que ver los peces con los cristianos?

¿Alguna vez te has preguntado por qué tantos cristianos tienen esos pececitos en sus llaveros o adhesivos (calcomanías) en los carros y cubiertas de las Biblias? ¿Qué hay con ese pez?

La Iglesia Primitiva, como era perseguida, desarrolló varios emblemas secretos que ayudaban a los cristianos a saber quién era creyente y quién no. La señal del pez era uno de estos emblemas.

¿Por qué un pez? El pez era usado por dos razones. Primero, porque Jesús cumplía la señal del profeta Jonás (Lucas 11:29.32) de estar debajo de la superficie de la tierra por tres días como Jonás estuvo debajo de la superficie del agua por tres días. Al bautizarse, los cristianos se identifican con la muerte y resurrección de Jesús, y de ahí la señal del pez. La segunda razón es por esta historia. En los evangelios, el evangelismo está ligado a la pesca (Mateo 4:19-20). Los cristianos han sido "atrapados" por el mensaje del evangelio. Nosotros somos los peces de los apóstoles.

5. CONCLUSIÓN (20:30-31 Y 21:22-25)

Pida a alguien que lea en voz alta Juan 20:30-31 y 21:22-25.

Ahora el escritor de Juan lleva su narración a la conclusión. Lo hace resaltando lo inadecuado de su trabajo (21:25) y dando la razón para escribir (20:30-31). Y nos da su testimonio de que lo que ha escrito es verdad (21:24).

- *¿Cómo te ha ayudado esta historia de Jesús en relación con tu fe?*
- *Al leer este evangelio, ¿cómo has cambiado?*
- *Habiendo creído y cambiado, ¿cómo puedes testificar de lo que has visto y oído?*

APLICA LA PALABRA

1. EL FUTURO NO ES CIENCIA FICCIÓN

La gente necesita esperanza para vivir. Se dice que Pierre Teilhard de Chardin dijo, "El mundo le pertenece a los que lo ofrecen con esperanza". Si es así, entonces el mundo le pertenece a Dios simplemente por la esperanza que ofrece. ¿Cuál es la esperanza que ofrece Dios? Se les pide a los estudiantes que examinen Apocalipsis 21 y 22 buscando pistas que se refieran al Dios de mañana. Pida a sus estudiantes que informen lo que encontraron y describan la visión escrita ahí.

Todos necesitan esperanza para el futuro, hasta la gente que no cree en Dios. Pero cuando no tienes a Dios para confiarle el futuro, entonces buscas algo más. En estos días, la gente busca tantas cosas diferentes.

Probablemente lo más llamativo sobre la historia de Jesús sea la esperanza que ofrece. Los cristianos

levantan su mirada a Dios y Dios les ha dado su visión del futuro en la Biblia y especialmente en la vida, muerte, resurrección y enseñanzas de Jesús. Ve Apocalipsis capítulos 21 y 22. Jesús viene de nuevo, no es ciencia ficción. Lee sobre el fin del mundo y en tus propias palabras describe lo que ves.*

2. UNA NUEVA VIDA

La renovación de todas las cosas por el poder de la vida resucitada de Cristo incluye las vidas de los creyentes. Se les pedirá a los estudiantes explorar 1 Corintios 15:35-58 para descubrir dónde van los fieles en la nueva creación. Pida a sus estudiantes compartir sus hallazgos y, para romper la tensión, especule sobre cómo serán esos nuevos cuerpos glorificados.

En Apocalipsis 21 y 22 lees sobre la renovación de todas las cosas y sobre un cielo nuevo y una tierra nueva. Pero, ¿y qué de ti? ¿Cuál es tu futuro? Como cristiano, ¿dónde te puedes acomodar? Como ere discípulo de Jesús también participarás en su nueva creación. Ve a 1 Corintios 15 y busca una descripción de lo que puedes esperar.

Lee 1 Corintios 15:35-58 y responde las siguientes preguntas:

- *vv. 36-38: Pablo dice que nuestro cuerpo es como una semilla. ¿A quién te recuerda?*
- *vv. 39-44: Aquí Pablo describe el cuerpo espiritual. ¿Cómo es un cuerpo espiritual?*
- *v. 58: Como tenemos esta esperanza, ¿qué debemos hacer?*

VIVE LA PALABRA

La gran comisión

Cada evangelio termina con una especie de declaración de comisión de Jesús para sus discípulos. La comisión de Jesús en Juan está escrita en Juan 20:21-22. Termine este ejercicio final en el Grupo Descubrimiento con un pacto que incluya la voluntad de Jesús y cumpla su comisión.

En Juan 20:21-22, Jesús comisionó a sus discípulos para continuar con su obra en el mundo. Nosotros también estamos incluidos en esta gran comisión. Hemos sido enviados y tenemos al Espíritu Santo. Somos portadores de la paz de Cristo. ¡Hagámoslo! ¡Escribe una oración de compromiso y entrégate a Jesús y a su gran comisión!

Esgrima Bíblico: una perspectiva

¿Qué es el Esgrima Bíblico?

El Esgrima Bíblico es un programa que ayuda a sus jóvenes a aprender sobre las Escrituras. Más o menos una vez al mes, los jóvenes de diferentes Iglesias se reúnen para tener un tiempo de compañerismo y competencia. En cada competencia hay preguntas sobre una porción previamente anunciada de la Escritura y los equipos compiten para responder correctamente esas preguntas.

El slogan oficial de la Juventud Nazarena Internacional es la cita de 1 Timoteo 4:12 - *"Ninguno tenga en poco tu juventud sino sé ejemplo de los creyentes en palabra, conducta, amor, espíritu, fe y pureza"* (RVR). El propósito del Esgrima Bíblico es ayudar a cultivar las acciones, actitudes, y estilo de vida necesarios para lograr este slogan. El programa de Esgrima Bíblico pretende alcanzar esta meta a través una táctica dividida en estas cuatro áreas diferentes:

- Una avenida de **Estudio Bíblico** significativo para que los jóvenes obtengan un conocimiento profundo e íntimo de las Escrituras.

- Una forma de incrementar el **compañerismo** y la **interacción** entre los jóvenes y el mundo.

- Una parte integral **alcance** y **discipulado** de la iglesia local y el ministerio juvenil.

- Un medio de **entrenamiento** y **mentoreo** del liderazgo juvenil.

- Un catalizador para alentar la participación active en proyectos de **ministerio** y **misiones**.

- Un **puente** para construir relaciones entre los jóvenes de diferentes regiones mundiales.

- Una arena para una emocionante **competencia** cristiana.

Las reglas solas nunca podrán prevenir tácticas no satisfactorias o actitudes no deportivas. Sin embargo, estas reglas son necesarias para que el aspecto competitivo del Esgrima Bíblico sea claro y consistente. Es deber de cada individuo asociado con el Esgrima mantener la integridad e intención de estas reglas y guías. Cualquier intento de ganar ventaja por medio de fraude o al quebrantar el reglamento constituye una falta de ética y perjudica el ministerio del programa de Esgrima Bíblico Juvenil, así como a todos aquellos que se benefician del mismo. Todo participante y adiestrador tiene la responsabilidad de observar las normas cristianas en cada situación, tanto en el Esgrima Bíblico Juvenil como fuera de éste. Cualquier crítica dirigida a los oficiales sobre sus decisiones constituye una violación al código ético del Programa de Esgrima Bíblico juvenil.

CÓMO ORGANIZAR UN MINISTERIO DE ESGRIMA BÍBLICO

1. Los equipos para todas las competencias oficiales de esgrima estarán formados por jóvenes dentro de la edad comprendida en el enfoque de la Juventud Nazarena Internacional * (Interpretaciones).

2. Todos los concursantes deberán asistir regularmente a la iglesia y ser miembros de la Juventud Nazarena Internacional.

3. Cinco personas forman un equipo, de los cuales uno será designado como sustituto * (Interpretaciones).

4. Un adulto puede participar como adiestrador en la plataforma.

5. El año de Esgrima Bíblico inicia el 1 de enero y termina en noviembre o diciembre (o de agosto a junio-julio, dependiendo de lo que funcione mejor para el distrito).

6. Cada año hay un libro (o libros) del Nuevo Testamento que se usa como material de recurso para las preguntas de la competencia.

   A continuación está el ciclo de 8 años que se usa en el mundo del Esgrima Bíblico.

   a. 2018-2019 - Juan

   b. 2019-2020 – Hebreos y 1 y 2 Pedro

   c. 2020-2021 - Mateo

   d 2021-2022 - Romanos y Santiago

   e 2022-2023 – Hechos

   f. 2023-2024 - Gálatas, Efesios, Filipenses, Colosenses, Filemón

   g. 2024-2025 - Lucas

   h. 2025-2026 - 1 y 2 Corintios

Después el ciclo inicia de nuevo. Actualmente tenemos estudios bíblicos/preguntas de estos libros en inglés, francés y español.

CÓMO ORGANIZAR UNA REUNIÓN SEMANAL DEL EQUIPO DE ESGRIMA

1. 1. Antes de la reunión, el líder debe leer y estudiar el material a cubrir durante la reunión. Pida la guía del Señor.

2. El líder debe llegar temprano a la iglesia donde se tundra el estudio bíblico para prepararlo todo.

3. El grupo puede jugar un juego que le ayude a empezar a pensar en la Escritura a estudiarse.

4. Oren juntos.

5. Lean el material juntos en voz alta. Den tiempo para hacer preguntas sobre el pasaje. Ayude a todos en el grupo a entender lo que la Escritura significa.

6. Permita que Dios hable durante el mensaje del texto. Comparta una anécdota o experiencia personal que se relacione con la Escritura.

7. Dé un tiempo para más preguntas o información sobre lo que están entendiendo.

8. Hable sobre qué clase de respuesta pide la Escritura en la vida de la iglesia o en las vidas individuales.

9. Termine con una oración.

10. Aliente el estudio del material de la siguiente reunión. Entregue una hoja de papel con el material de la siguiente reunión, la hora, el lugar y algunas preguntas de estudio.

CÓMO ORGANIZAR UNA PRÁCTICA SEMANAL

1. Después del estudio bíblico o en un tiempo aparte durante la semana, practique para la competencia.

2. Aliente la memorización de los versículos importantes; pasen algún tiempo memorizando y dando citas de memoria unos a otros.

3. Haga un juego de aprendizaje para que el grupo se familiarice con el material a ser estudiado (ej. Ahorcado, Adivínelo con señas, etc.).

4. Haga preguntas del material estudiado.

5. Divida al grupo y compitan unos contra otros.

6. Mantenga el enfoque en conocer y entender la Palabra y no en ganar o perder.

7. Deje tareas de estudio para la siguiente práctica.

ADIESTRANDO

Descripción de trabajo del adiestrador

Planear y asistir a las prácticas

2. Buscar personal para las prácticas y competencias

3. Arreglar viajes de invitación dentro del distrito y adiestrar a un equipo

4. Planear y participar en viajes a torneos fuera del distrito

5. Contactar a los competidores semanalmente usando notas (puede ser un correo electrónico) o teléfono

6. Demostrar un buen espíritu de competencia en todos los eventos d esgrima

7. Demostrar y hacer disponible el interés en la Palabra de Dios

8. Planear fiestas de esgrima al menos dos veces al año

9. Reclutar a nuevos competidores y adiestradores

10. Planear una competencia de exhibición con un pastor local

11. Mentorear a los adiestradores asistentes

12. Organizar y dirigir devocionales semanales (en la práctica y tal vez en Escuela Dominical)

13. Llevar un registro estadístico de las competencias

14. Administrar un presupuesto de esgrima si la JNI local

15. Ordenar el material de esgrima (pedirlo al presidente de Distrito o a la región)

16. Llevar un calendario de esgrima organizado y mantener a los padres de los competidores al día

17. Mantener a los pastores locales al día sobre el estado del ministerio de Esgrima Bíblico. Alentar los anuncios, asegurarse de que los eventos estén en el calendario de la iglesia y de la JNI e interactúen con el pastor regularmente.

18. Producir un boletín informativo para mantener a todos, especialmente los padres, al día.

19. Asistir a actividades no relacionadas con el Esgrima Bíblico en las que los competidores estén involucrados. Por ejemplo, un partido de futbol, una obra de teatro escolar, etc.

20. Integrar al resto del grupo juvenil. Involúcrese en otras actividades con los jóvenes y trabajen juntos con el presidente de la JNI o pastor de jóvenes. Se sentirán más en confianza con usted cuando usted se involucre.

Responsabilidades del adiestrador asistente

1. Asistir a las prácticas y ayudar con las actividades de Esgrima – sea moderador o anotador

2. Adiestrar en las competencias de invitación o torneos de distrito

3. Llamar a los competidores durante la semana para animarlos a estudiar y ver cómo están las cosas

4. Revisar la memoria de los competidores en los versículos para memorizar en las prácticas

5. Suplir al adiestrador en su ausencia

6. Ayudar a dirigir los devocionales

7. Ayudar a la formación del equipo – opinar sobre cómo van los competidores y compartirlo con el adiestrador

CÓMO MOTIVAR

Cada individuo tiene una agenda personal, una "Verdadera razón" por al que quiere estar en el equipo de esgrima. Esa agenda personal es la clave para motivar a cada persona.

Se ha dicho que la única motivación verdadera es la auto motivación. Si eso es cierto, entonces nuestra responsabilidad es quitar las barreras que desmotivan espiritualmente a una persona. Algunos factores que pueden limitar la motivación de un competidor son el temor al fracaso, el no tener éxito, la falta de emoción, la falta de desafíos y no ver lo que son capaces de lograr en la competencia.

Un competidor puede estar menos motivado porque no se da cuenta de lo que es capaz de lograr. Cuando un competidor experimenta el éxito o ve lo que puede lograr, se entusiasma más. Nuestra meta debe ser ayudarles a tener grandes sueños y el deseo de hacerlo lo mejor posible.

A los competidores les gusta involucrarse en cosas que les provean un sentido de éxito. Si ellos perciben que no han tenido éxito entonces ello son darán más que el esfuerzo mínimo requerido o lo dejarán todo. Deben también tener un sentido de seguridad y confianza dentro del grupo. Si no se sienten seguros o aceptados muchos esgrimistas o competidores no querrán arriesgarse a fracasar.

Lo que más hace diferente al esgrima de cualquier otro estudio bíblico es el factor de la competencia. Este factor también es una clave para motivar a la mayoría de los esgrimistas. A la mayoría de las personas les gusta ganar y con frecuencia harán lo que sea para ganar siempre y cuando cuenten con el ambiente adecuado. La mayoría de los competidores están naturalmente motivados por la competencia, pero les falta seguridad y la visión para darse un empujoncito.

Ver y saber que hay más por alcanzar puede ser el desafío necesario para motivar. Ayudarles a ver lo que pueden lograr su trabajan duro. Dejarlos ver verdaderamente buenas competencias de esgrima, presentarles a buenos competidores individuales y que vean ceremonias de premiación. . Discutir qué necesitan para lograr lo que acaban de ver. Puede llevar algún tiempo convencerlos de que pueden lograr lo mismo.

Ayúdeles a crear metas individuales y de grupo. Haga algunas de estas fácilmente obtenibles y otras que requieran una gran fuerza de voluntad para lograrlas. La mayoría de los esgrimistas también necesitan ver cuán exitosos han sido antes de tratar intentar lograr más. Cada uno de nosotros es normalmente nuestro crítico más duro. Aproveche cada oportunidad que tenga para señalar los éxitos, sin importar cuán pequeños sean. Busque cosas con qué halagar a cada competidor.

La verdadera motivación es interna pero los factores externos pueden jugar un papel muy importante en la motivación. Considere estas ideas cuando esté motivando.

- Ponga un buen ejemplo – su entusiasmo se les contagiará

- Establezca metas apropiadas – cree metas múltiples incluyendo algunas que los desafíen

- Dé mucha retroalimentación – alabe primero y luego lo que hay que mejorar

- Ayude a los esgrimistas a medir el éxito comparado son sí mismos no con otros

- Provea incentivos para alcanzar las metas

- Lleve un récord de las anotaciones personales y los premios

- Haga viajes a torneos

- Permita a los competidores la oportunidad de ser moderadores cuando alcancen ciertas metas como salir por cuatro respuestas correctas o estudiar ciertas cantidad de capítulos

- Provea reconocimiento público en la iglesia

Otra forma efectiva para motivar es crear algunos premios anuales, siéntase libre para inventor los suyos. Asegúrese de que los esgrimistas sepan exactamente cómo pueden ganar estos premios y trate de tenerlos al día sobre cómo van si es que el premio se presta para ello.

ORGANIZANDO UN TORNEO DE ESGRIMA BÍBLICO

Qué hacer antes del torneo

1. Anuncie claramente a todos los participantes, adiestradores y oficiales os detalles del Esgrima (fecha, hora y lugar, qué estudiar etc.)

2. Prepare las preguntas

    a. Escribas las preguntas o use las que vienen preparadas.

    b. Haga juegos de 22 o 23 preguntas (Eso es para las 20 de competencia más extras que pueda requerir). Necesitará suficientes preguntas para todos los rounds.

3. Escoja un formato para la competencia (grupos, round-robin, etc.)

4. Haga arreglos para tener a todos los jueces y moderador. Si hay modo de tener competencias simultáneas prepare dos grupos de jueces y moderador.

5. Organice con alguien preparar la comida. Pude venderla o pedir que cada quien traiga su almuerzo.

6. Haga o compre los premios

    a. Escoja premios especiales (Biblias, libros, trofeos, etc.)

    b. Haga listones o tiras (individuales y por equipos)

7. Haga copias de las hojas de anotación

8. Haga una lista de los anuncios para el inicio de la competencia

9. Escoja a alguien para que dirija un corto devocional antes de empezar el torneo.

QUÉ HACER EL DÍA
DEL TORNEO

1. Llegar al lugar de la competencia al menos un ahora antes para preparar el lugar.

2. artículo para llevar al torneo

   a. Hojas de anotación

   b. Juegos de preguntas (escondidas de los participantes)

   c. Lápices o plumas para los jueces

   d. Premios

   e. Grabadora y casetes de música (opcional)

3. Organizar la mesa

   a. Una mesa y sillas para los jueces. (Un set para cada lugar de competencia)

   b. 2 bancas u 8 sillas para los competidores (más el adiestrador y suplente)

   c. Sillas para los jueces

   d. Micrófonos (opcional) - 1 para el moderador y 1 para los competidores

   e. Grabadora y casetes de música

   f. Premios

4. Inicie la competencia con un devocional y los anuncios

5. Después de la competencia

   a. Sume los puntos y acomode a los esgrimistas según su puntuación

   b. Entregue los premios

   c. Ore

   d. Limpie la iglesia

Reglas para el Esgrima Bíblico de la Iglesia del Nazareno

El reglamento Oficial del Esgrima Bíblico Juvenil tiene como propósito crear una comprensión clara y consistente de su forma de operación en todos los niveles. Estas reglas no pueden evitar tácticas injustas ni actitudes contrarias al buen espíritu de competencia. Toda persona relacionada con el Esgrima Bíblico Juvenil tiene la responsabilidad de apegarse al propósito y al código ético de éste

MÉTODOS DE COMPETENCIA

Antes de cualquier competencia, el moderador debe elegir el método de competencia (equipo electrónico o jueces de salto) para todos los equipos. Los métodos que serán usados deben ser claramente indicados a los oficiales, adiestradores y capitanes del equipo antes de empezar la competencia.

EL EQUIPO

Torneos Locales

1. Los equipos para todas las competencias oficiales de esgrima estarán formados por jóvenes dentro de la edad comprendida en el enfoque de la Juventud Nazarena Internacional.

2. Un equipo puede componerse de menos de cinco personas. Puede componerse también de más de cinco por equipo durante un torneo; sin embargo, sólo un máximo de cinco por equipo participarán durante toda una competencia (por ejemplo: podrá haber seis por rotación si uno de ellos descansa durante cada competencia). Cuatro serán los titulares y el quinto será el suplente.

3. Requisitos del Equipo:

   a. Todos los concursantes deberán asistir regularmente a la iglesia y ser miembros de la Juventud Nazarena Internacional.

   b. Cinco personas forman un equipo, de los cuales uno será designado como sustituto * (Interpretaciones).

   c. Un adulto puede participar como adiestrador en la plataforma.

4. Podrán organizarse entre iglesias cuantos torneos y competencias se deseen para proveer oportunidad de competir en el año eclesiástico.

LOS OFICIALES DE LA COMPETENCIA

A. El director de competencias – Es la persona que organiza el torneo. Sus responsabilidades incluyen:

   1. Organizar el método de competencia o torneo.

   2. Tener la responsabilidad de nombrar a todos los oficiales para el torneo.

   3. Obtener o preparar suficientes preguntas para el uso en la competencia.

4. Supervisar el desarrollo de las competencias, que incluye la publicidad, información de la fecha y lugar del torneo, adquisición y distribución de los trofeos o premios (si hubiere alguno), etc.

5. El Director de Competencias puede ser el Director de Esgrima del distrito

B. El moderador

1. El moderador de esgrima debe ser imparcial.

2. El moderador debe reunirse con todos los oficiales y adiestradores antes de la competencia para explicar la interpretación de las reglas que se usaran y para ponerse de acuerdo con el método de competencia que se utilizara.

3. El moderador de esgrima:

a. Informará a todos los jueces acerca de las reglas.

b. Dará copia de las preguntas que se usarán en cada competencia al juez de contenido.

c. Llamará la atención a cualquier infracción cometida.

d. Leerá cada pregunta a los concursantes.

e. Si se utiliza equipo electrónico de salto, el moderador reconocerá el número del primer concursante que se levante.

f. Decidirá si la respuesta a una pregunta está correcta o la referirá al juez de contenido para tomar con éste una decisión.

g. Consultará las objeciones con el juez de contenido para tomar una decisión.

h. Repetirá toda la pregunta de gracia al (a los) concursante(s) contrario(s) con el número correspondiente en caso de error de un equipo.

i. Decidirá en todas las apelaciones si no se leyó claramente una pregunta, si hubo material erróneo en la pregunta, o interferencia de ruido *(Interpretaciones).

j. En caso de que la puntuación no esté visible al público, la anunciará periódicamente.

k. Juntamente con el juez de contenido, escuchará y dará el fallo a las respuestas en privado.

4. La interpretación de las reglas hecha por el moderador de esgrima es final.

C. Anotador

1. El anotador deberá ser imparcial.

2. Sólo el registro del anotador se tomará como oficial.

3. El anotador deberá registrar la alineación de los concursantes de los equipos.

4. El anotador deberá registrar los puntos a favor o en contra de cada individuo y cada equipo.

5. El anotador deberá notificar al moderador de esgrima cuando un concursante:

a. haya contestado cuatro preguntas correctamente.

b. haya cometido tres errores.

c. haya cometido tres infracciones.

6. El anotador deberá notificar al moderador de esgrima cuando un equipo:

a. haya cometido cinco errores.

b. tenga dos objeciones rechazadas.

c. deba hacer sustitución de algún concursante.

d. haya cometido infracciones pares (segundo, cuarto, etc.).

7. El anotador deberá registrar la puntuación final individual y por equipo.

8. El anotador deberá notificar al moderador de esgrima la puntuación periódicamente y la puntuación final.

9. Dos anotadores deberán registrar la puntuación oficial, los errores y las infracciones en todas las competencias regionales e internacionales.

EL TORNEO

1. Duración del torneo.

a. Hay 20 preguntas en un cada competencia

b. Si hay un empate después de las 20 preguntas habrá un desempate con preguntas hasta que el empate se rompa. Sólo una pregunta es necesaria para romper el empate, a menos que nadie la conteste.

2. Composición de los equipos

    a. Cada equipo debe dar los nombres de sus competidores al anotador antes de que se lea la primera pregunta.

    b. El capitán y capitán suplente del equipo deben ser designados antes de leer la primera pregunta.

3. Tiempo fuera.

    a. Un tiempo fuera dura un minuto y sólo se puede pedir entre preguntas y nunca después de la pregunta 18.

    b. Cada equipo puede pedir dos tiempos fuera por competencia y sólo el capitán, adiestrador o uno de los oficiales puede hacerlo.

4. Substituciones

    a. El adiestrador sólo puede cambiar a un esgrimista active durante un tiempo fuera. El competidor que deja la competencia se convierte en sustituto y puede regresar más tarde. El sustituto regresa a la competencia automáticamente cuando uno de los esgrimistas responde correctamente 4 preguntas o comete 3 errores.

    b. Sólo un sustituto puede tomar el lugar de un competidor – dos competidores que estén compitiendo no pueden intercambiar lugares.

5. Preguntas

    a. Todas las preguntas se basarán en la Nueva Versión Internacional.

    b. No se podrá hacer objeción a ninguna pregunta.

    c. Si la pregunta contiene información errónea o no se lee bien, el moderador de esgrima podrá eliminarla.

    d. El capitán puede apelar al moderador de esgrima si la pregunta no se leyó bien, si contiene información errónea, o si no se pudo oír bien (interferencia de ruido), o si es ambigua

    e. Una pregunta sólo se puede leer una vez

    f. Si ningún esgrimista se para a responder la pregunta en los cinco segundos posteriores a su

lectura, será considerada desierta. El moderador debe leer la respuesta y continuar. No se darán puntos por esa pregunta.

    g. En cualquier momento antes de leer la siguiente pregunta el moderador puede eliminar una pregunta con información errónea o que no ha sido bien leída.

    h. Un capitán puede apelar al moderador si hay información errónea en la pregunta, si la pregunta es mal leída o si la pregunta no pudo ser entendida por alguna interferencia.

6. Asientos electrónicos

    a. El equipo usado para las competencias de esgrima bíblico se llama "equipo electrónico" o "asientos electrónicos". Los cojines son pegados a una caja en la mesa de los jueces. Cada cojín funciona como un switch que muestra con una luz quién saltó primero.

    b. Cuando todas las luces están apagadas (todos los competidores sentados) el moderador puede empezar a leer la pregunta.

    c. Cuando se esté leyendo la pregunta, el primer competidor que se levantar debe responderla.

    d. El moderador observa la luz mientras está leyendo las preguntas.

    e. Cuando una luz se enciende, el moderador para de leer y menciona el nombre del competidor cuya luz esté encendida.

        Nota: La mayoría de los programas de esgrima no tendrán acceso a los asientos electrónicos para empezar. En ese caso, un juez de salto determinará quién saltó primero.

7. Respuestas

    a. Después de ser identificado, el concursante deberá empezar a contestar dentro de los primeros 5 segundos

    b. El concursante deberá completar su respuesta dentro de los siguientes 30 segundos

    c. Sólo se considerará valida la primera respuesta

    d. Todas las preguntas que empiecen con "Cite" o "Termine este versículo" se deben citar o completar palabra por palabra, al pie de la letra.

e. El moderador de esgrima no aceptará como respuesta correcta un versículo citado completamente cuando se pidan detalles específicos del versículo.

Una pregunta de referencia pide información específica de un versículo particular. El concursante deberá dar la respuesta de acuerdo al versículo dado, y no al contexto global

DECISIONES DE LOS JUECES

El Moderador debe juzgar su las respuestas son correctas de esta manera:

1. Cuando el competidor da toda la información necesaria para la pregunta y la respuesta y se sienta, el moderador juzgará si la respuesta es correcta.

2. El moderador no debe interrumpir al competidor. La única excepción es cuando el competidor da suficiente información como para eliminar cualquier posibilidad de dar una respuesta correcta. Si se requiere más información, el moderador no dirá nada sino hasta que el competidor se siente y hayan terminado los 30 segundos del tiempo límite.

3. Si el moderador considera que la respuesta es "correcta" se darán los puntos al equipo y al competidor.

4. Si el moderador considera que la respuesta es "incorrecta", se deducirán los puntos de la anotación del equipo y/o competidor (si es después de la pregunta 16) y se leerá una pregunta de gracia.

5. El moderador no dará por "incorrecta" una respuesta por un error de pronunciación.

ERRORES Y PREGUNTAS DE GRACIA

1. En caso de una respuesta incorrecta, se dará la oportunidad de contestar la pregunta de gracia al concursante del equipo contrario con el número correspondiente. Si son tres equipos, las respuestas a preguntas de gracia se darán en privado; uno al moderador y el otro al juez de contenido.

2. Entra en vigor el límite de tiempo de 5 y 30 segundos.

3. Cada respuesta correcta tiene el valor de 10 puntos para el equipo.

4. No se descontarán puntos por error en una respuesta incorrecta a una pregunta de gracia.

OBJECIONES Y APELACIONES

Si el capitán cree que se ha dado un fallo incorrecto sobre una respuesta, puede objetar esa decisión.

1. La objeción se deberá presentar antes de la siguiente pregunta.

2. El capitán no puede consultar con el moderador de esgrima, el adiestrador ni otros concursantes antes de la objeción.

3. El capitán puede objetar una decisión sobre una respuesta solamente una vez *(Interpretación).

4. No se puede objetar una respuesta a una pregunta de gracia.

5. Solamente el capitán puede hacer objeciones.

El moderador decidirá y dará el fallo sobre una objeción después de haber consultado con el juez de contenido.

1. El moderador de esgrima dará al (los) capitán(es) de el (los) equipo(s) opuesto(s) la oportunidad de refutar la objeción antes de que los jueces de contenido tomen una decisión

2. Si el juez de contenido necesita que se repita o explique la objeción o la refutación, el moderador de esgrima puede pedir que el capitán(es) repita(n) o explique(n) su (sus) comentario(s).

La objeción se debe rechazar cuando la sustancia de la objeción está errónea o el argumento no tiene peso suficiente como para que se cambie la decisión original.

1. Cuando una objeción se rechaza y el fallo original había sido "correcto", se deben adjudicar los puntos por la decisión "correcta".

2. Cuando una objeción se rechaza y el fallo original había sido "incorrecto" se deben descontar puntos por error, si se aplica al caso

3. Se descontarán diez puntos de la anotación del equipo por cada objeción rechazada.

La objeción se debe aceptar cuando la sustancia de la objeción está en lo correcto, y el argumento tiene validez como para cambiar la decisión original.

1. Cuando una objeción se acepta y el fallo original había sido "correcto", se debe cambiar a "incorrecto".

a. Se descontarán los puntos por equipo e individuales adjudicados por la respuesta original.

b. Los puntos por error del equipo e individuales se descontarán, si es aplicable.

c. Se hará una nueva pregunta de gracia.

2. Cuando se acepta una objeción y el fallo original había sido "incorrecto", se cambiará a "correcto".

a. Se adjudicarán puntos por la respuesta correcta.

b. Se eliminará cualquier deducción aplicada por el error.

c. Se descontarán los puntos adjudicados por la pregunta de gracia.

1. Apelaciones

a. El capitán puede apelar al moderador para invalidar una respuesta debido a una lectura incorrecta, información incorrecta en la pregunta y/o interferencia visual/auditiva.

b. Después de escuchar la apelación, el moderador puede consultar con el juez de contenido para su decisión final.

c. La apelación será concedida si el argumento justifica el cambio de la primera decisión.

d. Cuando se concede la apelación, la pregunta apelada es invalidada y se hará otra pregunta.

e. La anotación oficial debe cambiarse como si la pregunta apelada no se hubiera hecho. Los puntos otorgados después de la primera decisión serán deducidos y los deducidos serán otorgados de nuevo.

INFRACCIONES

1. La conversación verbal o no-verbal (miradas, señas, etc.) entre concursantes, entre el adiestrador y los concursantes, o entre éstos y el auditorio desde el momento cuando se dice "Pregunta", hasta que los puntos sean adjudicados

2. Tocar cualquier parte de la silla con las manos o los pies mientras se lee la pregunta.

3. Tocar el piso con las manos durante la lectura de la pregunta.

4. Empezar a contestar la pregunta antes de que se identifique al concursante *(Interpretaciones).

5. Levantarse antes de que se exprese la primera palabra de una pregunta.

6. Tocar a otro concursante desde que se inicia la pregunta hasta la adjudicación de los puntos.

7. Cualquier persona en la plataforma que no sea uno de los concursantes o el adiestrador.

8. Cualquier concursante que haya cometido tres infracciones ya no podrá responder a ninguna clase de pregunta (de competencia o de gracia). Si se cuenta con un sustituto, éste podrá tomar su lugar.

PUNTOS

1. Cada respuesta correcta tiene un valor de 20 puntos tanto para el individuo como para el equipo.

2. Una respuesta correcta a una pregunta de gracia tiene un valor de 10 puntos para la puntuación del equipo.

3. Cualquier concursante que conteste 4 preguntas correctamente (sin cometer ningún error) recibirá 10 puntos adicionales tanto para su puntuación individual como para su equipo.

a. El concursante no podrá levantarse a contestar por el resto de la competencia.

b. El concursante deberá abandonar el área de la competencia si el equipo cuenta con un sustituto)

c. El concursante no podrá contestar preguntas de gracia

4. Cuando 3 miembros de un mismo equipo contestan al menos una pregunta correcta, hay una bonificación de 10 puntos para el equipo.

a. El cuarto competidor que conteste correctamente gana 10 puntos para el equipo

b. El quinto competidor que conteste correctamente obtiene 10 puntos más para el equipo

5. Comenzando con la pregunta 16, por cada error se descontarán 10 puntos al equipo

6. Por el tercer error de un concursante se le descontarán 10 puntos en cada caso tanto al concursante como a su equipo. El competidor debe ser sustituido.

7. Por el quinto error de un equipo se descontarán 10 puntos al equipo y por cada error que se cometa subsecuentemente.

No se tomarán en cuenta los puntos y errores individuales por las preguntas de desempate en tiempo adicional.

Consejos de estudio

CONSEJOS DE ESTUDIO: MEMORIZACIÓN

MÉTODO DE LOS "15"

1. Lee el versículo un par de veces.

2. Trata de decirlo sin verlo. Si te atoras o equivocas, revisa la Escritura, luego sigue.

3. Cuando puedas decir el versículo sin ver la Biblia, estarás listo para empezar la memorización. (Pensaste que ya habías terminado, ¿no?).

4. Repite el versículo lo más rápido que puedas, cinco veces, sin equivocarte. Si cometes un error, empieza otra vez.

5. Lee el versículo de nuevo para asegurarte que lo estés repitiendo bien. Y si no fuera así, hazlo de nuevo.

6. Repite el versículo otras cinco veces sin equivocarte. Luego otras cinco veces. (Con esto ya son 15). Si en cualquier momento te equivocas, empieza de nuevo con ese grupo de cinco repeticiones.

7. Pasa al siguiente versículo de la misma forma, luego regresa al primer versículo memorizado para asegurar que todavía lo recuerdas.

8. Continúa el proceso hasta que termines de memorizar.

ESCRIBIR PREGUNTAS

Para perfeccionar tu habilidad para saltar no es tan importante que escribas cientos de preguntas sino que aprendas cómo escribir preguntas. Con el tiempo pasarás de escribir las preguntas y respuestas a sólo hacerlo mentalmente. La clave para un buen salto en falso no es nada más

ganar el salto sino ser capaz de completar correctamente la pregunta desde el punto en el que saltaste. Aprender a reconocer mentalmente las preguntas y respuestas será una gran ventaja al empezar a saltar.

En el versículo promedio hay cuatro o cinco posibles preguntas de competencia. Aún cuando varias preguntas cubran la misma información, el salto es diferente en cada una. Así que será útil ver cada versículo y poner atención en las diferentes preguntas que puedan surgir de él. Para escribir una pregunta empieza por encontrar primero la respuesta en el versículo y luego decide cómo formular la pregunta acerca de esa respuesta. Empieza con el primer versículo, mira bien cada frase, cada sustantivo, cada verbo, cada adjetivo y cada adverbio para ver si pueden ser respuestas a preguntas. Luego escribe tus preguntas.

MÉTODO DE LA FRASE

1. Lee el versículo cuidadosamente asegurándote de entender su significado.

2. Divide el versículo en frases (los signos de puntuación usualmente ayudan mucho) y repite cada frase varias veces, enfatizando las palabras que sean difíciles de recordar.

3. Lee el versículo entero otra vez, concentrándote en las partes difíciles.

4. Cita el versículo 5 o 6 veces, o hasta que lo puedas decir de corrido sin error.

5. Repasa el versículo unas 10 veces el mismo día que lo hayas aprendido.

6. Repasa el versículo al menos una vez al día por tres o cuatro días luego de haberlo aprendido.

PLAN 3-5-7

Supongamos que acabas de estudiar Hechos 8. Ahora repasa el capítulo que está tres capítulos antes de este (es decir, el 5). Luego repasa el capítulo que está cinco atrás (el 3). Luego el capítulo siete atrás de tu capítulo inicial (el capítulo 1). De aquí el nombre de Plan 3-5-7. Cuando el número total de capítulos sea lo suficientemente alto tendrá que cambiar al Plan 3-5-7-9.

TARJETAS

Una gran manera de aprender los versículos de memoria (o todo el material) es crear un catálogo de los versículos que quieras memorizar. Escribe cada versículo en un lado de la tarjeta y pon su referencia (cita) en la parte de atrás. Los programas de computadoras han hecho de esta una tarea fácil, especialmente con la capacidad de comprar la versión NVI para la computadora. (Es importante que hagas esto tú mismo; trata de no poner a tus papás o hermanos o adiestrador a hacerlo por ti. Las tarjetas tendrán mucho más significado y las recordarás mejor al tomar el tiempo de procesarlas mentalmente mientras preparas el catálogo).

Una vez que tengas todos los versículos en las tarjetas, ya estarás listo para empezar. Probablemente sea bueno que memorices los versículos en el orden en que aparecen en la Biblia. Usa cualquier método de memorización ya mencionado para aprender los versículos. La gran ventaja de este método es ser capaz de separar los versículos que te cuesten trabajo aprender. También podrás repasar los versículos al ver las referencias o viceversa.

CONSEJO DE ESTUDIO: COMPRENSIÓN

MÉTODO DE SUBRAYADO

Después de leer cuidadosamente el capítulo suficientes veces como para sabértelo casi todo, empieza en el inicio del capítulo y subraya cada hecho en el capítulo que creas que no podrías recordar en una competencia sin un estudio más profundo. Luego, empezando con el primer versículo, estudia todas las frases subrayadas. Para completar el método de estudio continua trabajando con todas estas frases hasta que te sepas todas lo suficientemente bien como para recordarlas en una competencia.

CONSEJO DE ESTUDIO: LECTURA

MÉTODO CD/CASETE /MP3/PODCAST

Aprender es más fácil cuando no sólo lees las palabras sino que las escuchas también. Puedes comprar una grabación ya hecha del libro para ayudarte a leer y memorizar. También puedes hacer tu propia grabación con un CD grabable en blanco, (necesitarás una computadora con micrófono y los programas adecuados de grabación) o un casete/MP3/Podcast y grabar tu propia voz leyendo cada capítulo para tus estudios. (Recuerda que es ilegal hacer copias de las grabaciones ya hechas de la Biblia, o distribuir o vender copias de tu propia voz con pasajes de la Biblia grabados sin permiso). Esto llevará tiempo pero encontrará que vale la pena a largo plazo. Recuerda leer claro y fuerte. Te sugerimos identificar cada capítulo y/o versículo con su referencia conforme los vayas haciendo.

Hay varias formas en que puedes usar una grabación como esta en tu estudio. Aquí hay varias:

- Lectura Corrida — Lee en tu Biblia, a menos que escuches atentamente a la grabación al mismo tiempo que lees. De esta forma, no sólo ves las palabras en la página sino que también las escuchas. Esta combinación te ayudará a recordar mejor el material. Una variante es tratar de recitar el material junto con la grabación.

- Lectura Pantomima — Enciende tu reproductor de CD/casete/MP3/Podcast. Conforme se leen los versículos, haz pantomima (actúa) todo lo que está sucediendo. ¡Exagera! Haz cosas divertidas para actuar los pasajes. Si no estás muy convencido para hacerlo la primera vez, te sorprenderás de ver lo bien que este método te ayudará a recordar el material.

MÉTODO DE LECTURA CORRIDA

Simplemente lee el capítulo cuidadosamente y meditando en él cinco veces. Entre más leas algo, mejor lo aprenderás. También es útil leer una porción paralela o un comentario bíblico si tienen algún tipo de Biblia con referencia. Tengan cuidado de usar sólo la NVI para memorizar, otras versiones pueden ser útiles cuando se trata de entender lo que el autor está tratando de decir.

MÉTODO DE LA REPETICIÓN

1. Lee el versículo 1 (del capítulo que estás estudiando) tres veces.

2. Lee el versículo 2 tres veces, el versículo 3 tres veces, el versículo 4 tres veces, y el versículo 5 tres veces.

3. Ahora lee de los versículos 1 al 5 todos de un jalón.

4. Lee los versículos 6, 7, 8, 9, 10 tres veces cada uno.

5. Ahora lee los versículos 6 al 10 juntos de una sola tirada.

6. Ahora regresa al versículo 1 y lee de corrido hasta el versículo 10.

7. Lee de los versículos 11 al 15, cada uno tres veces; luego léelos juntos una vez; luego regresa al versículo 1 y lee hasta el versículo 15.

8. Lee los versículos 16 al 20 tres veces cada uno; luego del 16 al 20 una vez todos juntos; luego del 1 al 20.

9. Sigue haciendo esto hasta que termines el capítulo.

MÉTODO DE LA PARÁFRASIS

¿Alguna vez te has puesto a pensar que si estuvieras escribiendo parte de la Escritura que estás estudiando, sonaría un tanto diferente de lo que estás leyendo?

Antes de que empieces este método necesitarás unas tres o cuatro hojas de papel. En la parte de arriba de las hojas de papel escribe el número del capítulo que estarás estudiando. Lee el capítulo un par de veces. Tu meta es tratar de re-escribir este capítulo, versículo por versículo, en tus propias palabras.

Hazlo serio o gracioso, creativo o normal (como normalmente tú hablas). Parafrasea al menos 10 versículos de un capítulo para saber cómo funciona este método. No tienes que usarlo todo el tiempo. Úsalo de vez en cuando para darle variedad a tu estudio

CONSEJO DE ESTUDIO: SALTO EN FALSO

ESCRIBIR PREGUNTAS

Es un hecho comprobado que entre más trates con un tema, mejor lo aprenderás y podrás recordarlo. Practica haciendo tus propias preguntas al estudiar el material. Ase-gúrate de tener un conocimiento sólido del material antes de empezar a escribir las preguntas. Una vez que lo hagas, verás que practicar elaborando preguntas y respuestas pondrá a prueba tu conocimiento del material. Una vez que aprendas este método, verás que no necesitas de hecho escribir las preguntas y respuestas en papel; puede que sea suficiente formularlas mentalmente y contestarlas de igual forma.

RECONOCER LA PALABRA CLAVE

Reconocer la palabra clave te ayudará a saltar más rápidamente. Es muy difícil mejorar el salto sin aprender a reconocer las palabras claves.

¿Qué es una palabra clave? La palabra clave es una palabra que está en un lugar de la pregunta donde puedes empezar a decir el resto de la pregunta. En otras palabras, si oyes una pregunta y el moderador se detiene justo antes de la palabra clave, no sabrás con certeza cuál es el resto de la pregunta. Sólo hay algunas posibilidades y tendrás que adivinar pero no estarás seguro. Por el contrario, si oyeras sólo una palabra más, sabrías sin duda alguna cuál es la pregunta correcta.

Tu trabajo como competidor es aprender a ubicar la palabra clave y saltar en ese momento de la pregunta. En una competencia, esto significa una toma de decisión más rápida y bajo presión. Para empezar, practica con algunas preguntas y tómate todo el tiempo que necesites para decidir cuál es la palabra clave.

Aquí hay un punto importante: la palabra clave no siempre será la misma para todos. Entre mejor te sepas el capítulo, más pronto podrás saltar. En este momento la palabra clave de las preguntas puede ser la última; pero para fines de año, la palabra clave en algunas de las mismas preguntas puede ser la tercera o cuarta. La palabra clave cambia conforme mejora tu conocimiento del material.

ANTICIPAR LA PALABRA CLAVE

Anticiparse es predecir acertadamente que la siguiente palabra de una pregunta será la palabra clave. ¿Por qué anticiparse? Si puedes asegurar que la siguiente palabra de una pregunta será la palabra clave, entonces puedes saltar en cuanto el moderador empiece a decirla, pero lo suficientemente tarde como para que no se puede detener y al menos diga la primera sílaba de la palabra. Entonces podrás identificar la palabra clave al tomar las palabras de la boca del moderador como clave para la siguiente palabra. Esto significa que de hecho saltarás antes de saber cuál será la pregunta. Recuerda que anticiparse es un riesgo. Es mejor que estés seguro de que conoces la información antes de que te arriesgues. El salto en falso es un obstáculo mayor para la mayoría de los competidores pero cuando lo dominan, encuentran la competencia mucho más fácil.

GRABAR PARA EL SALTO

Para practicar tu salto y mejorar tu anticipación de la palabra clave puedes utilizar este método. Para usarlo necesitarás un equipo de grabación para computadora y un quemador de CD/DVD/MP3, o una simple grabadora de casete. Para prepararte para tu estudio, graba algunas de las preguntas y respuestas en el CD o casete (tal vez tus padres o adiestrador te quieran ayudar en esto). Empieza el CD/DVD/MP3 o casete y "salta" (física o mentalmente) deteniendo la grabación en el momento en que saltes. Ahora trata de completar la pregunta y dar la respuesta correcta. Para corregirte simplemente reinicia el casete y escucha la respuesta correcta y su respuesta. Verás que conforme mejora tu conocimiento del material, tu habilidad de saltar en falso mejora también.

CONSEJO DE ESTUDIO: REPASO GENERAL

Después de estudiar un cuarto de los capítulos, aparta un tiempo para una revisión general de todos los capítulos que has estudiado. Examínate en cada una de las siguientes áreas:

1. Lee con atención cada capítulo una vez más. Si tienes tiempo, puedes usar el método de la repetición (Leer el capítulo 1, luego 1, 2 y 3, etc.).

2. Escribe un bosquejo de cada capítulo o una lista de los eventos que hay en cada capítulo.

3. Repasa todas las frases subrayadas que pensaste que no ibas a recordar en un competencia. Examínate para ver qué tan bien las recuerdas. Si has olvidado alguna de las frases pasa más tiempo estudiándolas.

Repite este repaso general después de completar la mitad, luego tres cuartos, luego todos los capítulos. En cada caso, revisa todos los capítulos que has estudiado.

CONSEJO DE ESTUDIO: USAR UNA CONCORDANCIA

¿Has notado cómo algunos competidores siempre parecen saltar antes que tú? ¿Y cómo podrías decir casi cualquier palabra en el material y te dirían exactamente en qué versículo está? Lo más probable es que esos competidores hayan estado usando una concordancia.

¿Qué es una concordancia? Una concordancia es un tipo de índice, como las listas al final de los libros que te dicen dónde se menciona un tema. Una concordancia bíblica te dirá dónde y cuántas veces cualquier palabra es usada en la Escritura. Hay diferentes tipos de concordancias: de toda la Biblia, del Antiguo Testamento, Nuevo Testamento y concordancias de libros individuales.

¿Cómo puedes usar una concordancia para ayudarte en tu estudio bíblico? Puedes hacer una concordancia del libro que estés estudiando con el número de veces que cada palabra es usada en el libro. La lista de "Palabras Clave" es de gran ayuda para los competidores Estas son palabras que se usan sólo una vez en todo el material de estudio.

Familiarizarse con estas palabras puede ser invaluable para un competidor. Saber que una palabra en particular es usada sólo una vez en el libro de estudio de este año te guiará más directamente al pasaje correcto cuando respondas una pregunta. Cuando tengas tu concordancia lista, marca en la Biblia las palabras clave y memorízalas.

Así, cuando escuches una de estas palabras clave podrás reconocer la palabra y recordar la referencia. Verás que reconocer las palabras clave mejorará tu habilidad para saltar.

Al usar una concordancia, asegúrate de tener un buen conocimiento del libro. La concordancia es sólo un complemento como plan de estudio, no la forma de resolver los problemas de tus sesiones estudio.

CONSEJO DE ESTUDIO: VARIEDAD EN TU ESTUDIO

A lo largo de este libro encontrarás muchos métodos diferentes de estudio para tu uso en los momentos individuales de estudio. Existe la probabilidad de que no haya un método correcto para todos. Lo que te dé mejores resultados a ti puede que no sirva para tus compañeros. Igual de importante es saber que tu conocimiento y habilidad de recordar el material mejorará si varías los métodos de estudio. Trata un nuevo método de vez en cuando; no te aburras y frustres usando la misma técnica una y otra vez.

CLAVE DE ANUNCIO DE LAS PREGUNTAS

Recuerda que las preguntas serán "anunciadas" en una competencia.

Con el propósito de prepararte para esto (y en caso que tu equipo decida usar estas preguntas de práctica), hemos incluido los códigos de anuncio en este libro. El código frente a la pregunta indica el tipo de pregunta que es; asimismo, están explicados en la "Clave de anuncio".

CLAVE DE ANUNCIO
(Código de tipo de pregunta)

G General

X Contexto

A De acuerdo con

S Situación

E En qué libro y capítulo

Memoria:

Q Cita de Memoria

V Termina el (los) versículo(s) sin referencia

R Termina este (estos) versículo(s) y da la referencia

LISTA DE VERSOS DE MEMORIA

1:1	3:20-21	8:10-11	12:32	17:3
1:3-5	3:36	8:12	13:14-16	17:11
1:10-11	4:10	8:31-32	13:34-35	17:17-19
1:12-13	4:13-14	8:34-36	14:1	17:20
1:14	4:23-24	8:42	14:2-3	17:24
1:16-17	4:34-35	8:58	14:15	18:36
1:23	5:21	9:3-4	14:16-17	19:30
1:26-27	5:24	9:25	14:21	20:17
1:29	6:27	9:31-33	15:4	20:19-20
1:34	6:29	9:39	15:5	20:21
2:16	6:35	10:9-10	15:12	20:29
2:18-19	6:51	10:14-15	15:13-14	20:30-31
2:22	6:68-69	10:27	15:15	21:15
2:23	7:16	11:25-27	15:17	21:25
2:25	7:18	12: 8	15:26	
3:3	7:24	12:13	16:13	
3:5-6	7:37-38	12:24-25	16:28	
3:16-17	8:7	12:26	16:33	

Preguntas de práctica y competencia

JUAN 1

G ¿Quién ya existía en el principio?

R. *El Verbo (1:1).*

G ¿Qué no han podido extinguir las tinieblas?

R. *Esta luz (que resplandece en las tinieblas) (1:5).*

G ¿Para qué vino Juan como un testigo?

R. *Para dar testimonio de la luz (a fin de que por medio de él todos creyeran) (1:7).*

G ¿A quién no reconoció el mundo?

R. *Al que era la luz (esa luz verdadera que alumbra a todo ser humano) (1:9, 10).*

A De acuerdo con Juan capítulo 1, versículo 12, ¿a quiénes les dio el derecho de ser hijos de Dios?

R. *A cuantos lo recibieron, a los que creen en su nombre (1:12).*

X Respuesta de tres partes: ¿De qué no nacen los hijos de Dios?

R. *De la sangre, ni por deseos naturales, ni por voluntad humana (1:13).*

G ¿Qué se hizo el Verbo?

R. *Hombre (1:14).*

G ¿Por medio de quién fue dada la ley?

R. *Por medio de Moisés (1:17).*

A De acuerdo con Juan capítulo 1, versículo 21, ¿quién dijo Juan que no era?

R. *Ni Elías ni el profeta (1:21).*

G ¿Con qué bautizaba Juan?

R. *Con agua (1:26).*

A De acuerdo con Juan capítulo 1, versículo 28, ¿dónde sucedió todo esto?

R. *En Betania, al otro lado del río Jordán, donde Juan estaba bautizando (1:28).*

G ¿Quién descendió del cielo como paloma y permaneció sobre Jesús?
R. *El Espíritu (1:32).*

A De acuerdo con Juan capítulo 1, versículo 39, ¿como qué hora era?
R. *Como las cuatro de la tarde (1:39).*

G ¿De quién era hermano Andrés?
R. *De Simón Pedro (1:40).*

G ¿De dónde era Felipe?
R. *Del pueblo de Betsaida (1:44).*

S Pregunta de situación: ¿Quién lo dijo, a quién y cuál fue la respuesta?: "Hemos encontrado a Jesús de Nazaret, el hijo de José, aquel de quien escribió Moisés en la ley, y de quien escribieron los profetas"
R. *Felipe lo dijo a Natanael y él le respondió, "¡De Nazaret! ¿Acaso de allí puede salir algo bueno?" (1:45-46).*

G ¿Quién dijo Jesús que era un verdadero israelita?
R. *Natanael (1:47).*

G ¿Sobre quién suben y bajan los ángeles de Dios?
R. *Sobre el Hijo del hombre (1:51).*

JUAN 2

G ¿Qué se celebró al tercer día?
R. *Una boda en Caná de Galilea (2:1).*

S Pregunta de situación: ¿quién lo dijo, a quién y cuándo? "Ya no tienen vino".
R. *La madre de Jesús lo dijo a Jesús, cuando el vino se acabó (2:3).*

G ¿Qué llenaron hasta el borde los sirvientes?
R. *Seis tinajas de piedra, de las que usan los judíos en sus ceremonias de purificación (2:6, 7).*

G ¿Qué hizo Jesús en Caná de Galilea?
R. *Ésta, la primera de sus señales (2:11).*

G ¿Quién subió a Jerusalén cuando se aproximaba la Pascua de los judíos?
R. *Jesús (2:13).*

G ¿Quién derribó las mesas de los que cambiaban dinero?
R. *Jesús (2:15).*

X Complete, en esencia, el versículo donde se encuentra la siguiente palabra: "Celo".
R. *"Sus discípulos se acordaron de que está escrito: 'El celo por tu casa me consumirá'" (2:17).*

G ¿Qué levantará en tres días Jesús?
R. *Este templo (su cuerpo) (2:19).*

G ¿Quiénes creyeron en la Escritura y en las palabras de Jesús?
R. *Sus discípulos (2:22).*

A De acuerdo con Juan capítulo 2, versículo 24, ¿A quiénes conocía Jesús?

R. *A todos (2:24).*

JUAN 3

G ¿Quién era un dirigente de los judíos?

R. *Nicodemo (entre los fariseos) (3:1).*

G ¿Qué no puede hacer uno por segunda vez?

R. *Entrar en el vientre de su madre y volver a nacer (3:4).*

A De acuerdo con Juan capítulo 3, versículo 5, no puede uno entrar al reino de Dios a no ser que....

R. *Nazca de agua y del Espíritu (3:5).*

G ¿Qué sopla por donde quiere?

R. *El viento (3:8).*

G ¿De dónde descendió el Hijo del hombre?

R. *Del cielo (3:13).*

G ¿Quién no se perderá?

R. *Todo el que en cree él (en el Hijo unigénito de Dios) (3:16).*

G ¿Quién ya está condenado?

R. *El que no cree (en el nombre del Hijo unigénito de Dios) (3:18).*

G ¿A que se acerca el que practica la verdad?

R. *A la luz (3:21).*

G ¿Quién fue encarcelado?

R. *Juan (3:24).*

G ¿Quién dijo, "Yo no soy el Cristo, sino que he sido enviado delante de él"?

R. *Juan (3:28).*

A De acuerdo con Juan capítulo 3, versículo 30, ¿qué le tocaba a Juan?

R. *Menguar (3:30).*

G ¿Sin qué le da Dios su Espíritu a su enviado?

R *Sin restricción (3:34).*

G ¿Quién permanecerá bajo el castigo de Dios?

R *El que rechaza al Hijo (3:36).*

JUAN 4

G ¿Cuándo se fue Jesús de Judea y volvió otra vez a Galilea?

R. *Cuando se enteró de que los fariseos sabían que él estaba haciendo y bautizando más discípulos que Juan (4:1-3).*

G ¿A qué se llamaba Sicar?

R. *A un pueblo samaritano (4:5).*

A De acuerdo con Juan capítulo 4, versículo 7 y 8, ¿qué dijo Jesús a una mujer de Samaria?

R. *"Dame un poco de agua" (4:7,8).*

G ¿Qué es muy hondo?

R *El pozo (de Jacob) (4:11).*

G ¿Quién no volverá a tener sed jamás?

R. *El que beba del agua que Jesús le dará (4:14).*

A De acuerdo con Juan capítulo 4, versículo 17, ¿Cuándo dijo bien la mujer samaritana?

R. *Cuando dijo que no tenía esposo (4:17).*

G ¿Quiénes dijo Jesús que adoraban lo que conocían?

R. *Los judíos (4:22).*

G ¿Cuándo explicará el Mesías todas las cosas a los samaritanos?

R. *Cuando él venga (4:25).*

G ¿Quién dejó su cántaro?

R. *La mujer (4:28).*

G ¿Qué le insistían a Jesús sus discípulos?

R. *"Rabí, come algo" (4:31).*

A De acuerdo con Juan capítulo 4, versículo 33, ¿qué comentaban entre sí los discípulos?

R. *"¿Le habrán traído algo de comer?" (4:33).*

G ¿Quién recibe salario?

R. *El segador (4:36).*

G ¿Cuánto tiempo permaneció Jesús con los samaritanos?

R. *Dos días (4:40).*

G ¿A quién no se le honra en su propia tierra?

R. *A ningún profeta (4:44).*

G ¿Quién estaba a punto de morir?

R. *El hijo de un funcionario real (4:46, 47).*

G ¿Quién creyó lo que Jesús le dijo, y se fue?

R. *El hombre (un funcionario real) (4:50).*

A De acuerdo con Juan capítulo 4, versículo 54, ¿qué era este acto de Jesús?

R. *La segunda señal que hizo Jesús después de que volvió de Judea a Galilea (4:54).*

JUAN 5

G ¿Qué está rodeado de cinco pórticos?

R. *Un estanque cuyo nombre en arameo es Betzatá (5:2).*

A De acuerdo con Juan capítulo 5, versículo 6, ¿de qué se enteró Jesús?

R. *Que el enfermo ya tenía mucho tiempo de estar así (5:6).*

G ¿Cuándo no tenía el hombre inválido nadie que lo metiera en el estanque?

R. *Mientras se agitaba el agua (5:7).*

G ¿Qué no le estaba permitido en sábado al hombre inválido?

R. *Cargar su camilla (5:10).*

G ¿Dónde encontró Jesús al hombre que había sanado?

R. *En el templo (5:14).*

G ¿Quiénes perseguían a Jesús?

R. *Los judíos (5:16).*

G ¿Por qué no puede hacer nada el hijo por su propia cuenta, sino solamente lo que ve que su padre hace?

R. *Porque cualquier cosa que el padre hace, la hace también el hijo (5:19).*

G ¿A quién juzga el Padre?

R. *A nadie (5:22).*

G ¿La voz de quién oirán los muertos?

R. *La voz del Hijo de Dios (5:25).*

G ¿Qué oirán todos los que están en los sepulcros?

R. *La voz del Hijo del hombre (5:27, 28)*

A De acuerdo con Juan capítulo 5, versículo 30, ¿cómo no puede hacer nada Jesús?

R. *Por su propia cuenta (5:30).*

G ¿Quién era una lámpara encendida y brillante?

R. *Juan (5:33-35).*

X Pregunta de dos partes: 1) ¿qué no han oído nunca los judíos, y 2) qué no han visto?

R. *1) La voz del Padre y 2) Su figura (5:37).*

G ¿Qué gloria no acepta Jesús?

R. *La gloria humana (5:41).*

G ¿En nombre de quién ha venido Jesús?

R. *En nombre de su Padre (5:43).*

JUAN 6

A De acuerdo con Juan capítulo 6, versículo 1, ¿a dónde fue Jesús algún tiempo después?

R. *A la orilla del mar de Galilea (o de Tiberíades) (6:1).*

G ¿Dónde se sentó Jesús con sus discípulos?

R. *En una colina (6:3).*

S Pregunta de situación: ¿quién lo dijo, a quién y en qué situación: "De dónde vamos a comprar pan, para que coma esta gente"?

R. *Jesús lo dijo a Felipe cuando alzó la vista y vio una gran multitud que venía hacia él (6:5).*

G ¿Quién era el hermano de Simón Pedro?

R. *Andrés (6:8).*

G ¿Qué debían los discípulos dejar que se desperdiciara?

R. *Nada (6:12).*

G ¿Para qué quería la gente llevarse a Jesús a la fuerza?

R. *Para declararlo rey (6:15).*

G ¿Cómo se acercaba a la barca Jesús?

R. *caminando sobre el agua (6:19).*

G ¿Cuándo llegó la barca en seguida a la orilla a donde se dirigían los discípulos?

R. *Cuando los discípulos se dispusieron a recibir a Jesús en la barca (6:21).*

G ¿Qué hizo la multitud cuando se dio cuenta que ni Jesús, ni sus discípulos, estaban allí?

R. *Subieron a las barcas y fueron a Capernaum a buscar a Jesús (6:24).*

G ¿Quién dará comida que permanece para vida eterna?

R. *El Hijo del hombre (6:27).*

G ¿Qué comieron nuestros antepasados en el desierto?

R. *El maná (6:31).*

G ¿Quién es el pan de vida?

R. *Jesús (6:35, 48).*

A De acuerdo a Juan capítulo 6, versículo 37, ¿quiénes vendrán a Jesús?

R. *Todos los que el Padre le da (6:37).*

G ¿Quiénes comenzaron a murmurar de Jesús?

R. *Los judíos (6:41).*

G ¿Por quién serán instruidos todos?

R. *Por Dios (6:45).*

G ¿Quién tiene vida eterna?

R. *El que cree (6:47).*

G ¿Qué dará Jesús para que el mundo viva?

R. *Su carne (6:51).*

G ¿Qué tendrá el que come la carne y bebe la sangre de Jesús?

R. *Vida eterna (6:54).*

G ¿Quién vivirá por Jesús?

R. *El que come de él (6:57).*

G ¿Quiénes murmuraban de lo que Jesús había dicho?

R. *Sus discípulos (6:61).*

G ¿Quién da vida?

R. *El Espíritu (6:63).*

G ¿Qué más dijo Jesús en el versículo 65?

R. *"Por esto les dije que nadie puede venir a mí, a menos que se lo haya concedido el Padre" (6:65).*

G ¿Quién tiene palabras de vida eterna?

R. *Jesús (el Señor) (6:68).*

G ¿Quién es un diablo?

R. *Uno de los doce (6:70).*

G ¿Quién era hijo de Simón Iscariote?

R. *Judas (Iscariote) (6:71).*

JUAN 7

S Pregunta de situación: ¿Quién lo dijo, a quién lo dijo, y cuándo: "Deberías salir de aquí e ir a Judea, para que tus discípulos vean las obras que realizas"?

R. *Los hermanos de Jesús lo dijeron a Jesús cuando faltaba poco tiempo para la fiesta judía de los tabernáculos (7:2, 3).*

G ¿Qué no hace nadie que quiera darse a conocer?

R. *Actuar en secreto (7:4).*

G ¿Qué siempre era bueno para los hermanos de Jesús?

R. *Cualquier tiempo (7:6).*

G ¿Cómo subió Jesús a la fiesta después de que sus hermanos se fueron a la fiesta?

R. *No públicamente, sino en secreto (7:10).*

G ¿Qué corrían entre la multitud?

R. *Muchos rumores acerca de Jesús (7:12).*

G ¿En qué momento subió Jesús al templo y comenzó a enseñar?

R. *Hasta la mitad de la fiesta (7:14).*

G ¿De quién era la enseñanza de Jesús?

R. *Del que lo envió (7:16).*

A De acuerdo a Juan capítulo 7, versículo 20, ¿qué contestó la multitud?

R. *"Estás endemoniado. ¿Quién quiere matarte?" (7:20)*

G ¿Por qué cosa no debe juzgar la multitud?

R. *Por las apariencias (7:24).*

A De acuerdo a Juan capítulo 7, versículo 25, ¿qué comentaban algunos de los que vivían en Jerusalén?

R. *¿No es éste al que quieren matar? (7:25).*

G ¿Quién es digno de confianza?

R. *El que envió a Jesús (7:28).*

G ¿Quiénes mandaron unos guardias del templo para arrestar a Jesús?

R. *Los jefes de los sacerdotes y los fariseos (7:32).*

G ¿Quiénes comentaban entre sí, "¿Y éste a dónde piensa irse que no podamos encontrarlo?"?

R. *Los judíos (7:35).*

X Pregunta de contexto: Complete, en esencia, el versículo de donde viene la palabra: "ríos".

R. *"De aquel que cree en mí, como dice la Escritura, brotarán ríos de agua viva" (7:38).*

G ¿De qué pueblo era David?

R. *De Belén (7:42).*

G ¿Quién le puso las manos encima a Jesús?

R. *Nadie (7:44).*

G ¿Quiénes replicaron: "¿Así que también ustedes se han dejado engañar?"?

R. *Los fariseos (7:47).*

G ¿Quién era uno de ellos (los fariseos)?

R. *Nicodemo (7:50).*

A De acuerdo a Juan capítulo 7, versículo 53, ¿a dónde se fueron todos?

R. *A su casa (7:53).*

JUAN 8

G ¿Cuándo toda la gente se acercó a Jesús?

R. *Al amanecer (8:2).*

S Pregunta de situación: ¿Quién lo dijo, a quién y en qué situación: "Maestro, a esta mujer se le ha sorprendido en el acto mismo de adulterio."?

R. Los maestros de la ley y los fariseos lo dijeron a Jesús cuando le llevaron una mujer sorprendida en adulterio, poniéndola en medio del grupo (8:3, 4).

G Cuando Jesús se incorporó, ¿qué les dijo a los maestros de la ley y a los fariseos?

R. "Aquel de ustedes que esté libre de pecado, que tire la primera piedra" (8:7).

G ¿Qué hicieron uno tras otro, comenzando por los más viejos?

R. Se fueron retirando (8:9).

A De acuerdo con Juan capítulo 8, versículo 12, ¿qué es Jesús?

R. La luz del mundo (8:12).

X Pregunta de Contexto: ¿Por qué alegaron los fariseos que el testimonio de Jesús no era válido?

R. Porque Jesús se presentó como su propio testigo (8:13).

G ¿Cuándo son válidos los juicios de Jesús?

R. Si él juzga (8:16).

G Si los fariseos supieran quién es Jesús, ¿qué más sabrían?

R. Quién es su Padre (8:19).

G Cuando Jesús les dijo, "A donde yo voy, ustedes no pueden ir", ¿qué comentaban los judíos?

R. "¿Acaso piensa suicidarse? ¿Será por eso que dice: "A dónde yo voy, ustedes no pueden ir?" (8:21, 22).

S Pregunta de situación: ¿quién lo dijo, a quién, y cuál fue la respuesta: "¿Quién eres tú?"?

R. Los judíos lo dijeron a Jesús, y él les dijo: "En primer lugar ¿Qué tengo que explicarles" (8:22, 25).

G ¿Cuándo sabrían los judíos quien era Jesús y que no hacía nada por su propia cuenta?

R. Cuando el Hijo del hombre fuese sido levantado (8:28).

G ¿Cuándo serían los judíos realmente discípulos de Jesús?

R. Si se mantenían firmes a sus enseñanzas (8:31).

G ¿Qué es todo el que peca?

R. Esclavo del pecado (8:34).

G ¿Por qué procuraban matar a Jesús los descendientes de Abraham?

R. Porque no estaba en sus planes aceptar la palabra de Jesús (8:37).

A De acuerdo a Juan capítulo 8, versículo 41, ¿cómo eran las obras de los judíos?

R. Como las obras de su padre (8:41).

G ¿Los deseos de quién quieren cumplir los judíos?

R. De su padre el diablo (8:44).

G ¿Por quién no está poseído Jesús?
R. *Por ningún demonio (8:49).*

G ¿Cuándo la gloria de Jesús no significa nada?
R. *Si se glorifica a sí mismo (8:54).*

G ¿Qué tomaron los judíos para arrojarle a Jesús?
R. *Piedras (8:59).*

JUAN 9

G ¿Para qué sucedió que el hombre naciera ciego?
R. *Para que la obra de Dios se hiciera evidente en su vida (9:1, 3).*

G ¿Dónde escupió Jesús?
R. *En el suelo (9:6).*

A Según Juan capítulo 9, versículo 8, ¿qué decían los vecinos y los que lo habían visto pedir limosna?
R. *"¿No es éste el que se sienta a mendigar?" (9:8).*

G ¿Qué día era cuando Jesús hizo el barro y le abrió los ojos al ciego?
R. *Era sábado (9:14).*

G ¿Por qué algunos de los fariseos comentaban que Jesús no viene de parte de Dios?
R. *Porque no respetaba el sábado (9:16).*

G ¿Quiénes llamaron a los padres del que había sido ciego y que ahora veía?
R. *Los judíos (9:18).*

G ¿Quién era ya mayor de edad?
R. *El hombre que era ciego de nacimiento (9:21).*

S Pregunta de Situación: ¿A quién le dijeron los judíos, cuándo y cuál fue la respuesta: "Júralo por Dios; A nosotros nos consta que ese hombre es pecador"?
R. *Fue dicho al hombre que era ciego de nacimiento, cuando los judíos le llamaron por segunda vez. El respondió, "Si es pecador, no lo sé. Lo único que sé es que yo era ciego y ahora veo" (9:24-25).*

G ¿A quién no escucha Dios?
R. *A los pecadores (9:31).*

G ¿Quién decían los judíos que había nacido sumido en pecado?
R. *El hombre que era ciego de nacimiento (9:34).*

G ¿A quién dijo Jesús que ya había visto el hombre?
R. *Al Hijo del hombre (9:35-37).*

G ¿Quiénes se quedarán ciegos?
R. *Los que ven (9:39).*

G ¿De qué no serían culpables algunos fariseos, si fueran ciegos?
R. *De pecado (9:40-41).*

JUAN 10

G ¿Quién entra por la puerta en el redil de las ovejas?
R. *Es pastor de las ovejas (10:2).*

G ¿Qué voces no reconocen las ovejas?

R. *Voces extrañas (10:5).*

G ¿Quiénes eran unos ladrones y unos bandidos?

R. *Todos los que vinieron antes de él (Jesús) (10:8).*

X Pregunta de Contexto: Complete, en esencia, el versículo en donde se encuentra la siguiente palabra: "Pastos".

R. *"Yo soy la puerta; el que entre por esta puerta, que soy yo, será salvo. Se moverá con entera libertad, y hallará pastos" (10:9).*

G ¿Quién no es el pastor de las ovejas?

R. *El asalariado (10:12).*

G ¿Quiénes no son las ovejas de este redil?

R. *Otras ovejas que tiene Jesús (10:16).*

G ¿Entre quiénes fueron motivo de disensión las palabras de Jesús?

R. *Entre los judíos (10:19).*

G ¿Por dónde andaba Jesús?

R. *En el templo, por el pórtico de Salomón (10:23).*

S Pregunta de situación: ¿Quién lo dijo, a quién, y en cuál situación: "¿Hasta cuándo vas a tenernos en suspenso? Si tú eres el Cristo, dínoslo con franqueza"?

R. *Los judíos lo dijeron a Jesús cuando le rodearon en el templo por el pórtico de Salomón durante la fiesta de la dedicación en Jerusalén (10:22-24).*

G ¿Quiénes nunca perecerán?

R. *Las ovejas de Jesús (10:27-28).*

G ¿Qué había mostrado Jesús a los judíos?

R. *Muchas obras irreprochables que procedían del Padre (10:31-32).*

A De acuerdo con Juan capítulo 10, versículo 34, ¿qué está escrito en la ley de los judíos?

R. *Yo he dicho que ustedes son dioses (10:34).*

G ¿Qué pasó cuando los judíos nuevamente intentaron arrestar a Jesús?

R. *Se escapó de las manos (10:39).*

A De acuerdo con Juan capítulo 10, versículo 42, ¿quiénes creyeron en Jesús?

R. *Muchos en aquel lugar (10:42).*

JUAN 11

G ¿Cuál era el pueblo de María y Marta su hermana?

R. *Betania (11:1).*

G ¿Qué no terminaría en muerte?

R. *La enfermedad de Lázaro (11: 4).*

G ¿Cuándo Jesús se quedó dos días más en donde se encontraba?

R. *Cuando oyó de la enfermedad de Lázaro (11:6).*

A De acuerdo a Juan capítulo 11, versículo 8, ¿quiénes intentaron apedrear a Jesús?

R. *Los judíos (11:8).*

G ¿Quién duerme?

R. *Nuestro amigo Lázaro (11:11).*

G ¿Qué les dijo claramente Jesús a sus discípulos?

R. *"Lázaro ha muerto" (11: 12, 14).*

G ¿Cuántos días Lázaro llevaba ya en el sepulcro cuando Jesús llegó?

R. *Cuatro días (11:17).*

G ¿Qué lugar estaba como a tres kilómetros de distancia de Jerusalén?

R. *Betania (11:18).*

G ¿Quién se quedó en la casa?

R. *María (11:20).*

S Pregunta de Situación: ¿quién lo dijo, a quién y cuál fue la respuesta: "Tu hermano resucitará"?

R. *Jesús lo dijo a Marta y ella respondió "Yo sé que resucitará en la resurrección, en el día final" (11:23, 24).*

G ¿Quién es el que había de venir al mundo?

R. *Cristo, el Hijo de Dios (11:27).*

G ¿Quién aún no había entrado en el pueblo, sino que todavía estaba en el lugar donde Marta se había encontrado con él?

R. *Jesús (11:30).*

G ¿Cuándo se turbó y se conmovió profundamente Jesús?

R. *Al ver llorar a María y a los judíos que la habían acompañado (11:33).*

G ¿Quién lloró?

R. *Jesús (11:35).*

G ¿Con qué estaba tapada la entrada de la cueva?

R. *Con una piedra (11:38).*

G ¿Por qué da gracias Jesús a su Padre?

R. *Porque lo ha escuchado (11:41).*

G ¿Con qué estaba cubierto el rostro del muerto?

R. *Con un sudario (11:44).*

G ¿Quiénes convocaron a una reunión del Consejo?

R. *Los jefes de los sacerdotes y los fariseos (11:47).*

G ¿Quién profetizó que Jesús moriría por la nación judía?

R. *Caifás, sumo sacerdote ese año (11:49-51).*

G ¿Por qué Jesús ya no andaba en público entre los judíos?

R. *Porque desde ese día convinieron en quitarle la vida (11:53, 54).*

G ¿Quiénes habían dado la orden de que si alguien llegaba a saber dónde estaba Jesús, debía denunciarlo para que lo arrestaran?

R. *Los jefes de los sacerdotes y los fariseos (11:57).*

JUAN 12

G ¿Cuántos días antes de la pascua llegó Jesús a Betania?

R. *Seis días (12:1).*

G ¿Qué valía muchísimo dinero?

R. *El perfume que María derramó sobre los pies de Jesús (12:3, 5).*

G ¿Para qué día había guardado María este perfume?

R. *Para el día de la sepultura de Jesús (12:7).*

G *¿Quiénes resolvieron matar también a Lázaro?*

R. Los jefes de los sacerdotes (12:10).

G *¿Quiénes se enteraron de que Jesús se dirigía a Jerusalén?*

R. Muchos de los que habían ido a la fiesta (12:12).

G *¿Quién viene montado sobre un burrito?*

R. El rey de la hija de Sión (12:15).

A De acuerdo con Juan capítulo 12, versículo 18, ¿de qué se habían enterado muchos?

R. *De la señal realizada por Jesús (12:18).*

S Pregunta de situación: ¿Quién lo dijo, a quién y cuál fue el resultado: "Señor, queremos ver a Jesús."?

R. *Algunos griegos, que habían subido a adorar en la fiesta, lo dijeron a Felipe; Felipe fue a decírselo a Andrés, y ambos fueron a decírselo a Jesús (12:20-22).*

G ¿Qué sucede si el grano de trigo cae en la tierra y muere?

R. *Produce mucho fruto (12:24).*

G ¿Qué dijo Jesús que estaba angustiado?

R. *Todo su ser (12:27).*

G ¿Quién va a ser expulsado?

R. *El príncipe de este mundo (12:31).*

G ¿Qué ha sabido la gente de la ley?

R. *Que el Cristo permanecerá para siempre (12:34).*

G ¿Qué se cumplió acerca de lo dicho por el profeta Isaías?

R. *Que a pesar de que Jesús había hecho todas estas señales en presencia de ellos, todavía no creían en él (12:37-38).*

G ¿Quién vio la gloria de Jesús y habló de él?

R. *Isaías (12:41).*

G ¿Quién no cree solamente en él (Jesús) sino cree en el que lo envió?

R. *El que cree en Jesús (12:44)*

A De acuerdo con Juan capítulo 12, versículo 47, ¿a quién no juzga Jesús?

R. *A alguno que escucha sus palabras, pero no las obedece (12:47).*

G ¿Qué es vida eterna?

R. *El mandato del Padre (12:49-50).*

JUAN 13

G ¿Qué ya había hecho el diablo?

R. *Incitado a Judas Iscariote, hijo de Simón, para que traicionara a Jesús. (13:1-2).*

A De acuerdo con Juan capítulo 13, versículo 4 ¿qué se quitó Jesús?

R. *El manto (13:4).*

G ¿Cuándo entendería Simón Pedro lo que Jesús estaba haciendo?

R. *Más tarde (13:6-7).*

G ¿Qué es lo único que necesita lavar uno que ya se ha bañado?

R. *Los pies (13:10).*

G ¿A quiénes deben lavar los pies los discípulos?

R. *Los unos a los otros (13:14).*

A De acuerdo con Juan capítulo 13, versículo 17: ¿Qué serán los discípulos si ponen esto en práctica?

R. *Dichosos (13:17).*

G ¿Quién recibe a Jesús?

R. *El que recibe al que Jesús envía (13:20).*

G ¿Quién estaba al lado de Jesús?

R. *El discípulo a quien Jesús amaba (13:23).*

S Pregunta de situación: ¿Quién lo dijo, a quién y cuándo: "Señor, ¿quién es?"?

R. *El discípulo a quien Jesús amaba, lo dijo a Jesús cuando Simón Pedro le hizo señas a ese discípulo y le dijo: "Pregúntale a quién se refiere" (13:24, 25).*

G ¿Cuándo entró Satanás en Judas Iscariote?

R. *Tan pronto como Judas tomó el pan (13:26, 27)*

G ¿Para qué cosa algunos pensaron que Jesús le estaba diciendo a Judas que comprara lo necesario?

R. *Para la fiesta (13:29).*

G ¿Quién es glorificado ahora?

R. *El Hijo del hombre (13:31).*

G ¿Qué les dice Jesús a los discípulos que antes les dijo a los judíos?

R. *"A donde yo voy, ustedes no pueden ir" (13:33).*

G ¿Qué sabrán todos, si los discípulos se aman los unos a los otros?

R. *Que son discípulos de Jesús (13:35).*

G ¿Quién negaría a Jesús tres veces antes de que cante el gallo?

R. *Pedro (13:37, 38).*

X Pregunta de Contexto: Complete, en esencia, el versículo donde se encuentra la siguiente palabra: "Negarás".

R. *"¿Tú darás la vida por mí? ¡De veras te aseguro que antes de que cante el gallo me negarás tres veces!" (13:38).*

JUAN 14

X Complete, en esencia, el versículo donde se encuentra la siguiente palabra: "viviendas".

R. *"En el hogar de mi Padre hay muchas viviendas; si no fuera así, ya se lo habría dicho a ustedes. Voy a prepararles un lugar" (14:2).*

G ¿Quién es el camino, la verdad y la vida?

R. *Jesús (14:6).*

G ¿A quién ha visto el que ha visto a Jesús?

R. *Al Padre (14:9).*

G ¿Por qué hará obras mayores que Jesús él que cree en él?

R. *Porque Jesús vuelve al Padre (14:12).*

G ¿Quién obedecerá los mandamientos de Jesús?

R. *El que lo ama (14:15).*

G ¿Quién vive con los discípulos y estará en ellos?

R. *El Espíritu de verdad (14:17).*

G ¿Cómo no va a dejar Jesús a sus discípulos?

R. *Huérfanos (14:18).*

A De acuerdo con Juan capítulo 14, versículo 20, ¿de qué se darán cuenta los discípulos en aquel día?

R. *Que Jesús está en el Padre y ellos en Jesús y él en ellos (14:20).*

G ¿Quién no obedece las palabras de Jesús?

R. *El que no ama a Jesús (14:24).*

G ¿A quién enviará el Padre en nombre de Jesús?

R. *Al Consolador, el Espíritu Santo (14:26).*

G ¿Bajo qué circunstancias se alegrarían los discípulos de que Jesús va al Padre?

R. *Si le amaran (14:28).*

G ¿Qué tiene que saber el mundo?

R. *Que Jesús ama al Padre y que Jesús hace exactamente lo que él le ha ordenado que haga (14:31).*

JUAN 15

G ¿Quién es la vid verdadera?

R. *Jesús (15:1)*

G ¿Qué corta el labrador?

R. *Toda rama que en Jesús no da fruto (15:2).*

G ¿Qué no puede hacer ninguna rama por sí misma?

R. *Dar fruto (15:4).*

G ¿Quién es desechado y se seca, como las ramas que se recogen, se arrojan al fuego y se queman?

R. *El que no permanece en Jesús (15:6).*

G ¿Cómo ha amado Jesús a sus discípulos?

R. Como el Padre ha amado a Jesús (15:9).

G ¿Qué puede ser completa?

R. La alegría de los discípulos (15:11).

G ¿Qué son los discípulos si hacen todo lo que Jesús les manda?

R. Amigos de Jesús (15:14).

G ¿Cómo ya no llama Jesús a sus discípulos?

R. Siervos (15:15).

A De acuerdo con Juan capítulo 15, versículo 16, ¿a quiénes escogió Jesús?

R. A los discípulos (15:16).

G ¿Qué tipo de fruto comisionó Jesús a los discípulos que den?

R. Fruto que perdure (15:16).

G ¿De dónde ha escogido Jesús a los discípulos?

R. De entre el mundo (15:19).

G ¿Qué hará el mundo si ha obedecido las enseñanzas de Jesús?

R. También obedecerá la de los discípulos (15:20).

G ¿Quién aborrece también al Padre de Jesús?

R. El que aborrece a Jesús (15:23).

G ¿Quién procede del Padre?
R. El Espíritu de verdad (15:26).

G ¿Por qué darán testimonio también los discípulos?

R. Porque han estado con Jesús desde el principio (15:27).

JUAN 16

G ¿De dónde les expulsarán a los discípulos?

R. De las sinagogas (16:2).

A De acuerdo con Juan capítulo 16, versículo 4, ¿de qué se acordarán los discípulos cuando llegue ese día?

R. De que Jesús ya se los había advertido (16:4).

G ¿Por qué se entristecieron mucho los discípulos?

R. Porque Jesús les ha dicho estas cosas (16:6).

X Respuesta de dos partes: ¿Cómo no vendría el Consolador a los discípulos y cómo se lo enviará Jesús a ellos?

R. Si Jesús no se va, el Consolador no vendrá a ellos; en cambio si se va, se lo enviará a ellos (16:7).

G ¿Quién ya ha sido juzgado?

R. El príncipe de este mundo (16:11).

G ¿Cuántas cosas Jesús tenía aún por decirles a sus discípulos?

R. Muchas cosas que por ahora no podrían soportar (16:12).

G ¿Por qué dijo Jesús que el Espíritu tomará de lo suyo y se lo dará a conocer a los discípulos?

R. Porque todo cuanto tiene el Padre es suyo (de Jesús) (16:14, 15).

A De acuerdo con Juan capítulo 16, versículo 16, ¿dentro de cuánto tiempo ya no verían los discípulos a Jesús?

R. *Dentro de poco (16:16).*

S Pregunta de situación: ¿Quién lo dijo y a quién lo dijo: "¿Qué quiere decir con eso de que "dentro de poco ya no me verán", y "un poco después volverán a verme" y "porque voy al Padre"?"?

R. *Algunos de sus discípulos y lo comentaban entre sí (16:17).*

G ¿Qué se convertirá en alegría?

R. *La tristeza de los discípulos (16:20).*

G ¿Quién se olvida de su angustia por la alegría de haber traído al mundo un nuevo ser?

R. *La mujer que da a luz, una vez que nace la criatura (16:21).*

A De acuerdo con Juan capítulo 16, versículo 23, ¿qué les dará el Padre a los discípulos?

R. *Todo lo que pidan en el nombre de Jesús (16:23).*

G ¿Quién ama a los discípulos porque han amado y han creído que Jesús viene de su parte?

R. *El Padre mismo (16:27).*

G ¿Qué dijeron los discípulos que no necesitaba Jesús que nadie le hiciera?

R. *Preguntas (16:30).*

G ¿Quién ha vencido al mundo?

R. *Jesús (16:33).*

JUAN 17

A De acuerdo con Juan capítulo 17, versículo 1, ¿qué hizo Jesús después de que dijo esto?

R. *Dirigió la mirada al cielo y oró (17:1).*

G ¿Quién es el único Dios verdadero?

R. *El Padre (17:3).*

G ¿Qué tuvo Jesús con el Padre antes de que el mundo existiera?

R. *Gloria (17:5).*

G ¿Qué saben con certeza los discípulos?

R. *Que Jesús salió del Padre (17:8).*

G ¿De quién es todo lo que el Padre tiene?

R. *De Jesús (17:10).*

A De acuerdo con Juan capítulo 17, versículo 12, ¿qué hizo Jesús mientras estaba con sus discípulos?

R. *Los protegía y los preservaba mediante el nombre que el Padre le dio (17:12).*

G ¿Quién ha odiado a los discípulos?

R. *El mundo (17:14).*

A De acuerdo con Juan capítulo 17, versículo 16, ¿como quién no son del mundo los discípulos?

R. *Como tampoco Jesús lo es (17:16).*

G ¿Cómo ha enviado Jesús a los discípulos al mundo?

R. *Como el Padre le envió a él al mundo (17:18).*

G ¿Por quiénes ruega también Jesús?

R. *Por los que han de creer en Él por el mensaje de los discípulos (17:20).*

G ¿Por qué ha dado Jesús la gloria que el Padre le dio a él?

R. *Para que sean uno, así como él y el Padre son uno (17:22).*

A De acuerdo con Juan capítulo 17, versículo 25, ¿a quién no conoce el mundo?

R. *Al Padre justo (17:25).*

G ¿Qué seguirá dando a conocer Jesús?

R. *Dará a conocer quién es el Padre (17:26).*

JUAN 18

G ¿Quién conocía aquel lugar, porque muchas veces Jesús se había reunido allí con sus discípulos?

R. *Judas, el que lo traicionaba (18:2).*

G ¿Quiénes llevaban antorchas, lámparas y armas?

R. *Un destacamento de soldados y guardias de los jefes de los sacerdotes y de los fariseos (18:3).*

X Pregunta de contexto: ¿Quiénes llegaron al huerto?

R. *Judas, a la cabeza de un destacamento de soldados y guardias de los jefes de los sacerdotes y de los fariseos (18:3).*

S Pregunta de situación: ¿Quién les volvió a preguntar, a quién y cuál fue la respuesta: "¿A quién buscan?"?

R. *Jesús lo preguntó al destacamento de soldados y guardias de los jefes de los sacerdotes y de los fariseos, y ellos repitieron, "A Jesús de Nazaret" (18:7).*

G ¿Qué desenfundó Simón Pedro?

R. *Una espada (18:10).*

G ¿Quién era sumo sacerdote de aquel año?

R. *Caifás (18:13).*

G ¿Quién era conocido del sumo sacerdote?

R. *Otro discípulo que seguía a Jesús con Simón Pedro (18:15).*

G ¿Qué dijo la portera a Pedro?

R. *"¿No eres tú también uno de los discípulos de ese hombre?" (18:17).*

G ¿Qué hicieron los siervos y los alguaciles para calentarse?

R. *Una fogata (18:18).*

G ¿Quiénes debían saber lo que Jesús dijo?

R. *Los que lo habían oído hablar (18:21).*

G ¿Qué dijo uno de los guardias a Jesús, dándole una bofetada?

R. *"¿Así contestas al sumo sacerdote? (18:22).*

G ¿A quién envió Anás a Jesús?

R. *A Caifás, el sumo sacerdote (18:24).*

G ¿Quién preguntó a Pedro, "¿acaso no te vi en el huerto coné?"?

R. *Uno de los siervos del sumo sacerdote, pariente de aquel a quien Pedro le había cortado la oreja (18:26).*

G ¿Por qué no entraron en el palacio los judíos?

R. *Pues de hacerlo se contaminarían ritualmente y no podrían comer la Pascua (18:28).*

X Pregunta de tres partes: En Juan capítulo 18, ¿a cuáles tres personas enviaron los judíos a Jesús?

R. *1) A Anás (18:13).*
2) A Caifás, el sumo sacerdote (18:24).
3) A Pilato (18:29).

G ¿Quiénes no tenían ninguna autoridad para ejecutar a nadie?

R. *Los judíos (18:31).*

G ¿Cuándo llamó Pilato a Jesús y le preguntó: "¿Eres tú el Rey de los judíos?"?

R. *Cuando volvió a entrar en el palacio (18:33).*

G Si el reino de Jesús fuera de este mundo, ¿qué sucedería?

R. *Sus propios guardias pelearían para impedir que los judíos lo arrestaran (18:36).*

A De acuerdo con Juan capítulo 18, versículo 37, ¿quién escucha la voz de Jesús?

R. *Todo el que está de parte de la verdad (18:37).*

G ¿Quién preguntó: "¿Y qué es la verdad?"?

R. *Pilato (18:38).*

G ¿Qué costumbre tenían los judíos?

R. *Que Pilato les soltara a un preso durante la Pascua (18:39).*

G ¿Qué decían los judíos, volviendo a gritar desaforadamente?

R. *"¡No, no sueltes a ése; suelta a Barrabás!" (18:40).*

JUAN 19

G ¿Quién tomó a Jesús y mandó que lo azotaran?

R. *Pilato (19:1).*

A De acuerdo con Juan capítulo 19, versículo 3, ¿qué hacían los soldados a Jesús?

R. *Le gritaban, "¡Viva el rey de los judíos!", mientras se le acercaban para abofetearlo (19:3).*

G ¿A quiénes dijo Pilato "Aquí lo tienen"?

R. *A los judíos (19:4).*

S Pregunta de situación: ¿Quién lo dijo, a quién lo dijo y en respuesta a qué? "Pues llévenselo y crucifíquenlo ustedes. Por mi parte, no lo encuentro culpable de nada".

R. *Pilato lo dijo a los jefes de los sacerdotes y los guardias, cuando gritaron a voz en cuello: "¡Crucifícalo! ¡Crucifícalo!" (19:6).*

G ¿Cuándo Jesús no le contestó nada a Pilato?

R. *Cuando Pilato le preguntó: "¿De dónde eres tú?" (19:9).*

G ¿Qué no tendría Pilato si no le se le hubiera dado de arriba?

R. *Ningún poder sobre Jesús (19:11).*

G ¿Dónde estaba el asiento del tribunal?

R. *En un lugar al que llamaban el Empedrado (19:13).*

G ¿Quién entregó a Jesús a los jefes de los sacerdotes para que lo crucificaran?

R. *Pilato (19:16).*

G ¿Qué mandó Pilato que se pusiera sobre la cruz?

R. *Un letrero en el que estuviera escrito: "JESÚS DE NAZARET, REY DE LOS JUDÍOS" (19:19).*

G ¿Quiénes leyeron este letrero?

R. *Muchos de los judíos (19:20).*

G ¿Qué no tenía costura, sino que era de una sola pieza, tejida de arriba abajo?

R. *La túnica de Jesús (19:23).*

G ¿Quiénes estaban junto a la cruz de Jesús?

R. *Su madre, la hermana de su madre, María la esposa de Cleofas, y María Magdalena (19:25).*

G ¿Quién recibió en su casa a la madre de Jesús desde aquel momento?

R. *El discípulo a quien Jesús amaba (19:26, 27).*

G ¿Qué empaparon los soldados en vinagre en una vasija?

R. *Una esponja (19:29).*

G ¿Por qué era ese sábado un día muy solemne?

R. *Porque era el día de la preparación para la Pascua (19:31).*

G ¿A quién no le quebraron las piernas los soldados?

R. *A Jesús (19:32, 33).*

A De acuerdo con Juan capítulo 19, versículo 36, ¿cuál Escritura se cumplía?

R. *"No le quebrarán ningún hueso" (19:36).*

G ¿De qué manera era José de Arimatea un discípulo de Jesús?

R. *En secreto (19: 38).*

G ¿En dónde no se había sepultado a nadie?

R. *En un sepulcro nuevo en un huerto que estaba en el lugar donde crucificaron a Jesús (19:41).*

G ¿En dónde pusieron a Jesús, José de Arimatea y Nicodemo?

R. *En un sepulcro nuevo en el huerto que estaba en el lugar donde crucificaron a Jesús (19:42).*

JUAN 20

A De acuerdo con Juan capítulo 20, versículo 1, ¿qué fue quitada del sepulcro?

R. *La piedra que cubría la entrada (20:1).*

G ¿Quién llegó primero al sepulcro, Pedro o el otro discípulo?

R. *El otro discípulo, a quien Jesús amaba (20:2, 4).*

G ¿Quién bajó a mirar en el sepulcro?

R. *El otro discípulo, a quien Jesús amaba (20:5).*

G ¿Qué había cubierto la cabeza de Jesús?

R. *El sudario (20:7).*

G ¿Quién se quedó afuera, llorando junto al sepulcro?

R. *María (20:11).*

G ¿Qué preguntaron a María los dos ángeles vestidos de blanco?

R. *"¿Por qué lloras, mujer?" (20:12, 13).*

S Pregunta de Situación: ¿Quién lo dijo, a quién lo dijo y qué estaba pensando: "Señor, si usted se lo ha llevado, dígame dónde lo ha puesto, y yo iré por él"?

R. *María lo dijo a Jesús, pensando que se trataba del que cuidaba el huerto (20:15).*

G ¿Qué dijo María en arameo?

R. *"¡Raboni!" (20:16).*

G ¿Qué noticia fue a darles María Magdalena a los discípulos?

R. *¡He visto al Señor!", y les contaba lo que él le había dicho (20:18).*

G ¿Cuándo se alegraron los discípulos?

R. *Al ver al Señor (20:20).*

X Pregunta de Contexto: En Juan capítulo 20, ¿cómo recibieron el Espíritu Santo los discípulos?

R. *Jesús sopló sobre ellos y les dijo: Reciban el Espíritu Santo (20:22).*

G ¿Quién no estaba con los discípulos cuando llegó Jesús?

R. *Tomás, al que apodaban el Gemelo y que era uno de los doce (20:24).*

G Tomás no creería mientras no hiciera qué cosas:

R. *Mientras no viera la marca de los clavos en sus manos, y metiera su dedo en las marcas y su mano en su costado (20:25).*

G ¿Quién exclamó, "¡Señor mío y Dios mío!"?

R. *Tomás (20:28).*

G ¿En presencia de quiénes hizo Jesús muchas otras señales milagrosas?

R. *En presencia de sus discípulos (20:30).*

G ¿Qué puedes tener creyendo?

R. *Vida en el nombre de Jesús (20:31).*

JUAN 21

G ¿De dónde era Natanael?

R. *De Caná de Galilea (21:2).*

G ¿Cuándo no se dieron cuenta los discípulos que era Jesús?

R. *Cuando Jesús se hizo presente en la orilla, al despuntar el alba (21:4).*

A De acuerdo con Juan, capítulo 21, versículo 6, ¿qué dijo Jesús?

R. *"Tiren la red a la derecha de la barca, y pescarán algo" (21:6).*

G ¿Quién se tiró al agua?

R. *Simón Pedro (21:7).*

G ¿A dónde se tiró Simón Pedro?

R. *Al agua (21:7).*

G ¿Quién subió a bordo y arrastró la hasta la orilla?

R. *Simón Pedro (21:11)*

S Pregunta de Situación: ¿Quién lo dijo, a quién lo dijo, y cuál fue la respuesta: "Vengan a desayunar"?

R. *Jesús lo dijo a los discípulos y ninguno se atrevía a preguntarle: «¿Quién eres tú?», porque sabían que era el Señor (21:12).*

G ¿Cuándo dijo Jesús a Simón Pedro, "Simón, hijo de Juan, ¿me amas más que éstos?"?

R. *Cuando terminaron de desayunar (21:15).*

G ¿Qué le dolió a Pedro?

R. *Que por tercera vez Jesús le hubiera preguntado: «¿Me quieres?" (21:17).*

G ¿Cuándo iba Pedro adonde quería?

R. *Cuando era más joven (21:18).*

G ¿A quién vio Pedro que les seguía a él y Jesús?

R. *Al discípulo a quien Jesús amaba (21:20).*

G ¿Qué contestó Jesús a la pregunta de Pedro acerca del discípulo que Jesús amaba?

R. *Si quiero que él permanezca vivo hasta que yo vuelva, ¿a ti qué? Tú sígueme no más (21:22).*

G ¿Qué rumor corrió entre los hermanos?

R. *Que aquel discípulo no moriría (21:23).*

G ¿Quién da testimonio de estas cosas y las escribió?

R. *El discípulo a quien Jesús amaba (21:24).*

G ¿Qué sucedería si se escribieran una por una las otras muchas cosas que hizo Jesús?

R. *Los libros escritos no cabrían en el mundo entero (21:25).*

Hoja de Puntación para Esgrima Bíblico Juvenil

Competencia: _____   Fecha: _____   Ganador: _____

Equipo:

No	Nombre del Competidor	1	2	3	4	5	6	7	8	9	10	11	12	13	14	15	16	17	18	19	20	P.A.	P.T.	E.T
Puntos Adicionales y deducciones																								
	Totales																							

P.A.: Puntos Adicionales   P.T.: Puntos Totales   E.T.: Errores Totales

Equipo:

No	Nombre del Competidor	1	2	3	4	5	6	7	8	9	10	11	12	13	14	15	16	17	18	19	20	P.A.	P.T.	E.T
Puntos Adicionales y deducciones																								
	Totales																							

P.A.: Puntos Adicionales   P.T.: Puntos Totales   E.T.: Errores Totales

Anotaciones:
Respuesta Correcta (20), Respuesta Incorrecta (E), Respuesta de Gracia Correcta (10), Respuesta de Gracia Incorrecta (0), Infracción (I), Objeción Rechazada (OR), Refutación Rechazada (RR).

Puntuaciones:

+20 puntos por cada respuesta correcta
+10 puntos por 3, 4 y 5 concursante con respuesta correcta.
+10 Puntos por salir sin error (4 respuestas correctas)
+10 Puntos por cada respuesta de gracia correcta

- 10 Puntos por salir por errores (3 errores)
- 10 Puntos en cada error después de la pregunta 15
- 10 Puntos por salir por errores (3 errores)

www.ingramcontent.com/pod-product-compliance
Lightning Source LLC
Chambersburg PA
CBHW081542040426
42448CB00015B/3185